MYSTERIOUS
XIANGXI

湘西土家族苗族自治州文化旅游广电局 编著

向汝莲 主编

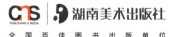湖南美术出版社

全国百佳图书出版单位

长 沙

图书在版编目（CIP）数据

神秘湘西 / 向汝莲编著 . -- 长沙：湖南美术出版社，
2024.2
ISBN 978-7-5746-0308-0

Ⅰ.①神… Ⅱ.①向… Ⅲ.①湘西土家族苗族自治州
－概况 Ⅳ.① K926.42

中国国家版本馆 CIP 数据核字 (2023) 第 229600 号

神秘湘西

SHENMI XIANGXI

出 版 人：黄　啸

主　　编：向汝莲

组　　稿：湘西土家族苗族自治州文化旅游广电局

封面设计：四喜

责任编辑：王柳润　刘泓艺

出版发行：湖南美术出版社
　　　　　（长沙市东二环一段 622 号）

印　　刷：长沙鸿发印务实业有限公司

开　　本：889mm×1194mm　1/16

印　　张：14

版　　次：2024 年 2 月第 1 版

印　　次：2024 年 2 月第 1 次印刷

定　　价：168.00 元

销售咨询：0731-84787105　邮编：410016

网址：http://www.arts-press.com

如有倒装、破损、少页等印装质量问题，请与印刷厂联系更换。

联系电话：0731-82787277

目录
Contents

民族风情篇

山水风光篇

前　言

　　湘西，地处湘鄂渝黔四省市交界处、武陵山区腹地。它北抵鄂西，西接渝黔，辖区总面积 1.55 万平方千米。土家族、苗族、汉族等多民族杂居一起，是西南少数民族文化与汉文化的接合地带。千百年来，盘瓠文化、巫傩文化、汉文化、巴文化等多种文化元素在湘西大地上自由碰撞，水乳交融，酝酿神奇，形成多元共生的复合文化结构。湘西是一个独特的充满神秘气息的文化地理空间。

　　就行政概念而言，湘西自治州的区划几经变迁，但以酉水和沅水两岸为主的区域，一直是各族群栖居的核心区。在行政区划所涵盖的地理空间里，风景、风情、风物争奇斗艳，物质文化遗产和非物质文化遗产交相辉映。无论从历史、现实还是未来的角度，"湘西"这个专属名词所蕴含的典型文化内涵，都具有不可替代的独特性。

　　神秘湘西，是对湘西旅游特征所提炼的属性与标识，已形成共识。从不同的角度而言，湘西有不同的内涵特征，但其悠远奥古的历史，以土家族和苗族为主体的浓郁的民族风情，以及奇山异水构成的神奇美丽的生存环境，是神秘湘西的主要表现。

　　享誉世界的湘西作家沈从文慧眼如炬，穿透历史重重迷雾，识见独到，"湘西的神秘，和民族性的特殊大有关系。历史上'楚'人的幻想情绪，必然孕育在这种环境中，方能滋长成为动人的诗歌。想保存它，同样需要这种环境"。沈老的见解之所以透彻，是因为他认为文化与民族紧密联系，文化的普遍性与特殊性是一体两面。

湘西的神秘在于历史悠远奥古。在这块古老的土地上发现的药王洞遗址距今31 900年，其地质年代大致为更新世晚期向全新世过渡阶段，这也意味着在陶器未出现之时，磨制石器已经诞生。泸溪下湾遗址的发现，更加明确凸显湘西历史脉络，它是典型的新石器时代中期高庙文化遗存，其中不仅发现了上溯商周下至明清的文化堆积，更主要的是发现了新石器时代贝丘遗址，它们共同反映了远古时期武陵山地人类特殊的生存环境与生态经济，是一批极具价值的遗迹、遗物。里耶三万八千余枚秦简出土，简牍文字内容包括秦王朝政治、经济、律法、行政管理等方方面面，解开了秦代历史的许多谜团。从魏家寨古城到四方城、老司城，还有数不胜数的古镇、古村，湘西的历史从远古一路铿锵而来，浩荡至今……湘西是一块文明沃土，并非一直以来是蛮荒之地。从旧石器时代开始，湘西拉开了文明诞生的大幕，文明的种子一直不停地播撒在我们的脚下。正如考古专家龙京沙所言："湘西文明悠远奥古，中华文明在湘西大地上从未断裂，下湾遗址、里耶秦简、老司城土司文明，在中华文明的进程中更是璀璨夺目，地位高端。"

湘西的神秘在于文化神奇瑰丽，在于多样的民族结构。当地人崇巫尚神，加上各样的图腾崇拜以及许多崇拜物在各民族间相互渗透，从而形成了多神的信仰结构，凸显出湘西文化的诡谲神秘。湘西大地上，土家族梯玛歌和苗族巴代古歌带着原始神秘的族群密码从远古而来；跳毛古斯时，人们披挂着草冠荆服，围猎赶仗，充满着原始而神秘的气息；酉水号子古老而悠远，历经千年的时光仍在酉水河上回荡；精美绝伦的民间技艺和绚丽多姿的民族风情，依然存留着祖先的密码；"上刀山下火海"的苗家绝技、山鬼龙朱虎雏等奇伟瑰丽的神话传说，至今让人心醉神往。巫楚遗风与民族文化的碰撞和交融，塑造出如此神秘而厚重的地域文化！赶尸、落洞、放蛊等扑朔迷离、真假莫辨的文化现象，更彰显出湘西文化在巫楚文化浸淫下神秘莫测的属性。

湘西的神秘在于生境有如迷宫。湘西静卧于武陵山区腹地，这里的山，是湘西永远挺拔的脊梁。这里的水，是湘西永远激荡的浪漫。扬子古海曾在这里存在亿万年，随着大陆板块隆起和抬升，大自然鬼斧神工地造化出天地间万幅画卷的立体铺陈。这里，有蔚为壮观的切割高原型岩溶台地峡谷景观，有洛塔、吕洞山、德夯岩溶台地峡谷群；有全球规模最大的红色碳酸盐岩石林古丈红石林；还有由国际地质权威机构确认的两枚"金钉子"，即寒武纪芙蓉统排碧阶"金钉子"、寒武纪苗岭统古丈阶"金钉子"。秘境湘西中所有的奇观，是在沧海桑田演化过程中，由时间镌刻而成的大地传奇。

从中华文化整体格局来看，湘西位居中原文化与西南巫楚文化的交汇之处，边地文化、异域风情是其文化的鲜明底色。加之历史上，湘西崇山峻岭、交通闭塞，曾被外界称为"中国的盲肠"。湘西的地理位置，让其"养在深闺人未识"，更增添了外面世界对神秘湘西的向往。

斗转星移，湘西剧变。新中国成立后，特别是党的十八大以来，全州各族人民牢记习近平总书记的殷切嘱托，积极抢抓国家西部大开发、"精准扶贫"首倡地等战略机遇，自力更生，顽强拼搏，砥砺奋进，经济、社会取得飞速发展。如今的湘西，是有"精准扶贫"首倡地十八洞村的新湘西，是享有"矮寨不矮、时代标高"美誉的新湘西，是山门大开、联通时代脉搏的新湘西，更是优势产业蓬勃兴起、发展潜能加快释放的新湘西，是宜居宜业宜游宜养的新湘西。神秘湘西正以崭新的姿态成为国内外享有盛名的旅游目的地，希望以后神秘湘西会成为国内外游客心中最美的诗和远方般的目的地。

我们在不同时代对"神秘湘西"这一概念的理解必然不同。曾经谜一样的湘西，正成为无数人心目中的诗与远方般的目的地。新时代的神秘湘西，以她独有的魅力和自信，正昂首阔步，向着未来铿锵前行！

历史文化篇

　　湘西拥有悠远厚重、神秘多元的历史文化，湘西不仅是地理上和行政区划上的湘西，更是"文化湘西"。

　　"湘西"早在西晋陆机《辨亡论》中就已出现，而正式成为行政区划名称，是在民国二十四年（1935），沅陵设立湘西绥靖处，将绥靖范围的 19 个县划为 5 个行政督察区，即慈石庸区、沅泸辰溆区、永保龙桑区、芷黔麻晃区、乾凤古绥区。1949 年 2 月，凤凰、乾城、永绥、泸溪等县和永顺、龙山、保靖、古丈等县分属沅陵专区和永顺专区。1952 年 8 月，湘西苗族自治区成立，辖吉首、古丈、泸溪、凤凰、花垣、保靖 6 县，代管永顺、龙山、桑植、大庸 4 县。年底，代管的 4 县亦归其直接管辖。1955 年 3 月，更名为湘西苗族自治州。1957 年 9 月，湘西土家族苗族自治州成立，辖 10 县。1988 年，大庸市和桑植县被划归张家界市。现今，湘西土家族苗族自治州辖 7 县 1 市，即龙山县、永顺县、保靖县、古丈县、花垣县、泸溪县、凤凰县和吉首市及湘西高新区。

　　"湘西"从文化地理概念到行政区划名称的变迁，其地理核心空间始终与现在的行政区划高度重叠。《尚书·禹贡》称这一地域为"荆州之域"，商代属荆楚"鬼方"。西周至春秋，属楚黔中地。战国期间，楚置黔中郡，汉代改黔中郡为武陵郡。南朝陈太建七年（575），建沅陵郡，"领县五"，包括今湘西州大部分地区。隋以后，其地隶属辰州、沅陵郡 、沅州。元明时期，设置土司 。

　　自古以来，土家族和苗族在湘西繁衍生息，创造了斑斓多彩的土家族和苗族文化，这些少数民族文化与儒释道文化、巫傩文化相融合，湖湘文化、巴蜀文化和荆楚文化也在湘西和谐共生。各民族独特的语言、习俗、服饰、建筑、音乐、舞蹈在湘西交融，化为积淀深厚的历史文脉。

湘西历史文化悠远而连续。龙山官山堡遗址考古发现证明了自 20 万年前旧石器时代起，湘西先民已在沅水与支流酉水边生活。药王洞遗址考古发现也为湘西史前文明的起源、早期人类的发展与族属的演变提供了更多佐证。下湾遗址、不二门遗址、里耶古城遗址、里耶大板古城遗址（含古墓群）、四方城遗址、老司城遗址、清水坪魏家寨古城遗址等考古发掘更串联起整个中华文明在湘西大地演变发展的历史印记，它们证明湘西并不是"文明荒漠""蛮荒之地"，而是文明沃土。湘西文明悠远奥古、璀璨厚重，令世人惊叹！

湘西历史文化神秘而多元。土家族、苗族、汉族等民族在此杂居，湘西成为西南少数民族文化与汉文化的接合地带，形成了多元共生的多层次文化结构，涵养了湘西文化多元、神秘、血性的气质。历史上，湘西虽交通闭塞，居于山野边陲，但其文化并不封闭。苗族是湘西大地上古老的少数民族之一，拥有悠久的历史文化，主要分布于中国的黔、湘、鄂、川、滇、桂、琼等地，湘西苗族是其中重要一支。历史长河中，苗族在不断迁徙中动态发展，在中国多地甚至在日本、美国、澳大利亚等国都有相当规模的分布。苗族文化从远古蚩尤大战黄帝的神话延续至今，它和中原主流文化从来都不是完全隔绝的，湘西土地上孕育的多元少数民族文化和世界文化的融合更彰显了湘西文化的开拓性和多元格局。

湘西历史文化璀璨而瑰丽。历史上，湘西被封建统治阶级视为蛮野之地，在政治、经济、文化上时常被忽略。甚至在以前，在一些不了解湘西的人的印象中，湘西还是令人联想到"野蛮""落后""土匪""茹毛饮血"等词。显然，这些认识存在极大的误区。实际上，湘西是一方人文胜地。湘西大地上，有 14 处国家重点文物保护单位、28 项国家级非物质文化遗产、400 多个国字号生态文化旅游品牌。其中，里耶古城发掘的三万八千余枚秦简震惊了世界，为我们探寻两千多年前秦王朝的历史提供了依据，被誉为"北有西安兵马俑，南有里耶秦简牍"；世界文化遗产老司城，历经八百余年土司统治，是中国历史上民族区域自治的成功典范，被称为"江南紫禁城""中国的马丘比丘""东方庞贝古城"；苗疆边墙，被誉为中国的"南方长城"。这些历史遗存，足以佐证湘西历史文化的璀璨瑰丽！

"人文"孕育"人杰"。湘西大地上，古有屈原行吟足迹，他留下不少伟大诗篇。至现当代，熊希龄、沈从文、黄永玉等一批文化名家，从这里走出大山，走向世界，成为湘西文化影响世界的一座座新的高峰。

湘西是一片红色沃土。它是湘鄂川黔革命根据地的建立地，是红二方面军的孕育之地，是中国工农红军长征的最后出发地。任弼时、贺龙、关向应、萧克、王震等老一辈无产阶级革命家在这里铸就光荣历史，英勇红军在这里谱写恢宏辞章，红色基因在这里代代传承。十八洞村、矮寨大桥被中宣部明确为铭刻新时代光辉印记的红色资源和红色地标。湘西土家族苗族自治州正充分发挥这些红色资源的凝聚力、感召力和生命力，大力弘扬湘西大地上的伟大革命精神和脱贫攻坚精神，为新时代湘西发展赋予新的活力。

时光荏苒，我们穿过古老的历史长河，看到新时代湘西的文化正孕育新的内涵，焕发出新的生命力量。文化融汇于世界，创新于时代，勃发于未来，正所谓："各美其美，美人之美，美美与共，天下大同。"

历 史 湘 西

药王洞遗址

　　药王洞遗址位于花垣县边城镇（原茶峒镇）。2000 年首次考古调查发现，2011 年和 2015 年，开展了抢救性考古发掘。2018 年 6 月，湖南省文物考古研究所委托美国迈阿密的放射性碳测年机构对药王洞遗址出土的样本进行检测，测出动物骨样标本距今 3.19 万年。该遗址由三个洞穴组成，是洞穴和旷野遗存相结合的旧石器时代文化遗址，总面积 600 余平方米。由于涉及的文物极其重要，目前考古工作人员没有对药王洞剩下的土层进行开挖，而是将现场保护起来，待以后时机成熟再进行考古挖掘。

药王洞遗址

药王洞遗址

下湾遗址

　　下湾遗址位于泸溪县浦市镇，地处沅水中游左岸一级台地，是一处以新石器时代中晚期遗存为主的贝丘遗址，面积约 3 万平方米。遗址于 1973 年被发现，1980 年以来先后进行了三次考古发掘。发现的遗存跨新石器时代中晚期、商、汉、宋及明清等多个时期，其中以新石器时代和商代遗存为主，这些遗存极大地丰富了高庙文化内涵。下湾遗址的发现，将人类在湘西这片神秘土地上的文明进程上溯到了 7800 年前。

下湾遗址考古现场

下湾遗址出土的文物

下湾遗址

不二门遗址

　　不二门遗址位于永顺县灵溪镇不二门国家森林公园内。1986年全国第二次文物普查时发现，1988年和2000年，湖南省文物考古研究所对不二门遗址开展了两次考古调查。不二门遗址于2014年被国务院公布为第七批全国重点文物保护单位。遗址总面积76 560平方米，为商、周时期遗址。不二门遗址所揭示的文化现象，对研究湘西政治、经济、文化及社会发展史具有重要价值，为探索和研究湘西地区西周时期古人居住、生活提供了很好的实物例证。

不二门遗址

不二门遗址

里耶古城遗址

　　里耶古城遗址位于龙山县里耶镇。2002 年，属于碗米坡水电站淹没区的里耶古镇防护堤工程开工建设，6 月，在湖南省文物部门组织下，文物考古工作人员入驻里耶，对里耶古城地下文物开展抢救性考古发掘。考古发掘面积 2.2 万平方米，其中保存有秦时的护城河、城墙、街道、兵营等 40 多处遗迹，填补了国内秦代古城考古的空白，是迄今发现唯一的中国南方秦代古城遗迹。出土 3.8 万余枚秦代简牍，共计 20 多万字，远超历次出土的秦简上文字的总和，填补了秦代史料的佚缺，以文字形式复活了秦朝历史，被誉为"21世纪最为重大的考古发现"。其历史科考价值可与西安兵马俑相提并论，享有"北有西安兵马俑，南有里耶秦简牍"美誉。

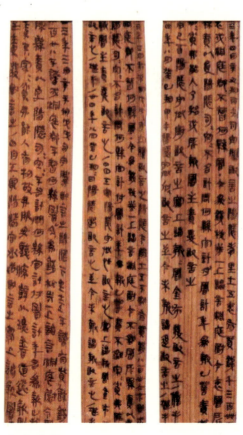

出土秦简

里耶古城遗址

里耶古城遗址

里耶大板古城遗址

　　2002 年和 2004 年，湖南省文物考古研究所主持发掘了里耶大板古城遗址和古墓群，确定大板古城遗址为汉代城址，大板古墓群年代为西汉至东汉初年。大板古城水绕山环，恃险而踞，控扼楚蜀，颇具雄风。大板古墓群出土的文物有陶器、青铜器、铁器、玉石和钱币。数以千计的古墓与三座古城遥相呼应，形成一个完整的城市体系，为研究战国秦汉历史提供了极有价值的科学依据。

里耶大板古城遗址

四方城遗址

　　四方城遗址位于保靖县迁陵镇，地处酉水河中上游北（左）岸，整个遗址包括四方城遗址、战国青铜冶炼遗址、战国粮窖遗址和战国、汉墓群。多次考古调查和抢救性发掘证实，四方城遗址始建于战国，秦汉沿用，宋代废弃，是湘西乃至武陵山地区保存最完好、规模最大、延续时间最长的古城遗址。四方城遗址地理位置与规模显示了该城在历史上的重要地位，它涵盖了酉水流域古代文明发展的全过程，保留了一个完整的封建时代城市考古标本，被专家誉为"开启湘西古文明的金钥匙"。

四方城遗址

四方城遗址出土的文物

魏家寨古城遗址

　　魏家寨古城遗址位于保靖县清水坪镇魏家寨村，地处酉水河中上游南（右）岸，与龙山县里耶古城、大板古城遗址隔河相望，呈掎角之势。整个遗址包括魏家寨古城遗址和古墓群，魏家寨古城始建于西汉。历年的考古发掘中，发掘西汉古墓260座，出土了汉代青铜礼器和流通货币等文物共2700多件，对研究汉代武陵郡酉水流域的政治、军事、经济、文化等具有重要价值。

魏家寨古城遗址

溪州铜柱

溪州铜柱

　　溪州铜柱是国务院 1961 年 3 月公布的第一批全国重点文物保护单位。后晋天福四年（939），溪州刺史彭士愁与楚王马希范战后会盟，铸铜柱为界，铭誓词《复溪州铜柱记》于上。铜柱为八棱中空柱，每棱宽 15 厘米，直径 39 厘米，高 398 厘米，重 5000 斤。

老司城遗址

　　老司城遗址位于永顺县灵溪镇司城村灵溪河畔，距县城18千米。老司城本名福石城，是古溪州彭氏土司的司治所在地。彭氏土司政权始建于后梁开平四年（910），鼎盛时期辖20州，止于清雍正六年（1728）改土归流，历经五代、宋、元、明、清等朝代，历时818年，世袭28代，共35位刺史或土司。老司城遗址是我国目前规模最大、保存最完整、历史最悠久的古代土司城遗址，主要有城墙、城门、道路、排水沟渠、建筑基址、墓葬等地下遗存，以及祖师殿、彭氏宗祠、土司德政碑、翼南牌坊、土司地宫、土司古墓群等地上遗存，有"土家族露天博物馆"之称。老司城遗址见证了古代中国作为多民族统一国家对西南少数民族地区的独特管理智慧，是研究中国土司制度的考古学标本，是民族区域自治的成功案例。2015年，该遗址被列为世界文化遗产。

老司城遗址

老司城遗址

老司城遗址出土的
文物

凤凰古城堡

凤凰古城堡于 2006 年被国务院公布为第六批全国重点文物保护单位，包括黄丝桥古城、舒家塘古城堡、王坡屯堡、拉毫营盘等四个文物点。

南方长城

　　黄丝桥古城位于凤凰县阿拉营镇黄丝桥村，距凤凰古城25千米，占地面积2.9万平方米。黄丝桥古城始建于唐垂拱三年（687），是唐渭阳县城。

黄丝桥古城

舒家塘古城堡北距凤凰县阿拉营镇 8 千米，东北距凤凰古城 32 千米，西与贵州省铜仁市毗邻，面积约 1.6 万平方米。古城堡依山而建，体现了传统屯田文化与军事文化的有机融合。

舒家塘古城堡

王坡屯堡

　　王坡屯堡位于凤凰县阿拉营镇舒家塘村，西距舒家塘约 1000 米。该屯堡始建于明代，遗址位于王坡屯山顶，东西长约 90 米，南北宽约 40 米。现遗存屯墙一周，周长 360 米，屯墙设箭垛和两座炮台，开东、南、北三门，砌门石料巨大厚实，整块竖立或横架，其中有铆眼。

拉毫营盘

　　拉毫营盘位于凤凰县廖家桥镇拉毫村，距凤凰古城 15 千米，是明清时期的汛堡。营盘占地约 5000 平方米，寨内有一条南北相通的主街道，两旁设巷道。寨内建筑独特，俗称岩板寨，对研究当地村镇聚落形成与演化具有重要价值。

拉毫营盘边墙

文 化 湘 西

凤凰古城

　　凤凰古城位于凤凰县沱江镇，距铜仁凤凰机场 27 千米，距张家界荷花机场 238 千米。古城南靠青葱起伏的南华山，北临清澈的沱江，千年吊脚楼与青山绿水和谐融为一体，形成了山水与人文交相辉映的整体格局。古城因南华山酷似展翅而飞的凤凰而得名。古城先后名五寨、镇筸，南宋嘉泰三年（1203）筑土城，明嘉靖三十五年（1556）筑砖城，清康熙五十四年（1715）改筑石城，设东、南、西、北四门。古城虽历经沧桑，仍古风依旧，是中国西南地区文物古迹留存最多的县城。巍峨耸立的城楼石墙，相互交织的石板街巷，沿河临水的吊脚楼，古朴典雅的精美虹桥，别致古老的过河跳岩，以及美轮美奂的沱江夜景，令人叹为观止、流连忘返。新西兰著名作家路易·艾黎深情地称赞凤凰古城为"中国最美丽的小城"。

凤凰古城

凤凰古城

凤凰古城夜景

凤凰古城沙湾风光

凤凰古城跳岩

乾州文庙

乾州古城

乾州古城位于吉首市乾州街道的万溶江河畔，因其十里盆地、二水环洲、三陆横陈而状如乾卦的自然环境，故名乾州。明正德年间设镇篁守备，康熙四十三年（1704）设乾州厅。乾州古城有抗法率军援台湾的陕甘总督杨岳斌故居、抗击八国联军血战大沽口的天津总兵罗荣光故居，有举世无双的三门开古城楼，有国家级文物保护单位乾州文庙。乾州文庙始建于清雍正十一年（1733），于嘉庆、道光、咸丰年间相继重修、续修、扩建、修缮。乾州文庙是庙学合一的建筑，除了祭祀孔子以外，还肩负着传播文化知识的重任。民国二十七年至三十五年（1938—1946），安徽国立八中女师曾设于此，朱镕基总理夫人劳安、贺龙元帅之女贺捷生，均在此就读过。

乾州古城胡家塘

乾州古城夜景

芙蓉镇

芙蓉镇位于永顺县南端的酉水北岸，原名王村镇，后因电影《芙蓉镇》在此拍摄而更名为芙蓉镇。因其独特的地形地势，美丽壮观的土家吊脚楼立于奔腾不息的大瀑布两岸，被誉为"挂在瀑布上的千年古镇"。芙蓉镇是一个拥有两千多年历史的古镇，为湘西四大名镇之一，是土家族的发源地。古镇三面环水，一面靠山。土王行宫临崖而立，土家吊脚楼依水而建，五里石板街曲折幽深，溪州铜柱价值连城。毛古斯、摆手舞、打镏子、土家织锦、土家服饰等土家族民俗文化丰富多彩，芙蓉镇被誉为"土家之源、土王之都""中国土家第一镇"。

芙蓉镇石板街

芙蓉镇夜景

芙蓉镇瀑布

芙蓉镇瀑布

浦市镇古建筑群

　　浦市镇古建筑群位于泸溪县浦市镇，包括万寿宫、李家祠堂、吉家祠堂、李家书院、杨茂源印书铺、谢逢开号、荣顺商号、裕顺烟号、吉家大院、余字镖局、姚家绣楼、鄱阳世第、青莲世第共 13 处代表性建筑。其建筑形式多样，体现了外来文化与地方建筑文化在营造理念、技法和艺术特色方面的兼融特点，系统真实地反映了浦市在西南地区经济发展、民族文化交流与传播、传统建筑营造等方面的重要贡献，见证了地方家族的商业生存和发展之路，具有较高的历史和研究价值。

浦市古镇

浦市镇古建筑　吉家大院

边城茶峒

　　边城茶峒位于花垣县边城镇（原名茶峒镇），坐落在湘黔渝三省（市）交界处的西水河边，距花垣县城 25 千米，吉茶高速、319 国道穿境而过，有"一脚踏三省"之称。清嘉庆八年（1803），永绥协迁于此。边城茶峒历史上曾是西南官道上的重要驿站，自古以来有"西南门户"之称，是湘黔渝三省（市）边区重要的交通中心、物资集散地和商贸中心。沈从文笔下的边城如诗如画、美轮美奂，城中有吊脚楼和河流，河中有岛，岛上有林，林中有碑，碑上有文。

边城茶峒

边城茶峒

老家寨

　　老家寨位于凤凰县山江镇北部，是一个纯苗族聚居古村落。距凤凰古城20千米，地处凤凰县山江苗族文化生态保护区内，是凤凰县目前苗族原始生态文化及特色民居保护最好的古村寨之一。老家寨坐落在植被茂盛、生态环境优良的栖凤坡下，四周青山环绕，寨中分布着美丽的湖泊、风水林、八卦图式建筑、清一色青瓦古墙、石头屋和青石板小径，布局精湛，曲巷通幽，曾荣获"湖南省特色旅游名村"称号。

老家寨

苗人谷

苗人谷

　　苗人谷苗寨位于凤凰县山江镇，距凤凰古城18千米，是凤凰纯苗文化的标志性景点。因鬼斧神工的自然景观、古朴浓郁的苗族风情和保存完好的古老苗寨而被称为中国"苗族活化石"。苗人谷曾是湘西末代苗王龙云飞的管治中心，保存有完整的苗寨部落遗址、苗王洞土匪城堡战壕旧址和原始淳朴的风俗习惯，集山水、溶洞、古寨景观于一体，是苗族文化的天然博物馆。

老司岩村寨

老司岩村寨

老司岩

　　老司岩位于古丈县红石林镇酉水岸边，三面环水。该村历史悠久，自古便是西至巴蜀、北通湖湘的必经之地。老司岩地处灵溪河入酉水交汇处，为永顺土司军事前哨，同时是酉水河流域的繁华码头，为"万物集散"和"商贾云集"之地。该村内现有保存较为完好的明清古民居40多栋。主要景点有酉水风光、古村落、古城墙、古街道、古码头、古商埠、伏波庙、青石城等。

墨戎苗寨

墨戎苗寨

　　墨戎苗寨位于古丈县默戎镇龙鼻嘴村，"墨戎"为苗语，意为"有龙的地方"。距州府吉首 20 千米，距凤凰古城 70 千米，距张家界 130 千米，处于张家界至凤凰古城黄金旅游线上。焦柳铁路、龙吉高速公路、352 国道穿寨而过，交通十分便捷。墨戎苗寨是湖南省现存规模最大、保存完好的苗族古村落之一，既有优美的田园风光，又有浓郁的苗寨风情。

　　这里民俗风情独特，有苗族服饰、银饰、苗绣、蜡染、苗族鼓舞、赶秋节等丰富的民间艺术和民俗活动，尤以独一无二的苗族四方鼓舞享誉海内外。该村为苗族武术发源地与巫傩文化解密之地，是湘西苗族文化的活化石。

墨戎苗寨

夯吾苗寨

　　夯吾苗寨位于古丈县默戎镇毛坪村，地处张家界至凤凰古城黄金旅游线上，距古丈县城 10 千米。"夯吾"是苗语，意为"清澈小溪"，"夯吾苗寨"即为"清澈小溪边的苗寨"。该村保存了中国最后一支生苗支系，拥有深厚的苗族文化底蕴，是一座自然完整的活态苗

族文化古村落。其民风淳朴，保留了苗服、银饰、苗语、苗鼓、拦门酒、长龙宴等传统艺术与民俗及傩戏巫术。盛产苗银、苗药、毛尖茶等特产，被列为"苗族活态文化研究基地"。

夯吾苗寨

惹巴拉摆手堂

惹巴拉风雨桥

惹巴拉

　　惹巴拉位于龙山县苗儿滩镇，距县城 60 千米，距里耶古城 40 千米，距龙永高速公路
22 千米。"惹巴拉"是土家语，意即"美好和美丽的地方"。惹巴拉是一个自然风光秀美、
历史源远流长、文化积淀深厚的土家族古村寨。洗车河与靛房河相遇，汇聚成捞车河，三
条河呈"人"字形，串起惹巴拉、捞车河、梁家 3 个自然村寨。该村有摆手舞、毛古斯、
梯玛歌、打镏子、咚咚喹、土家织锦等民俗文化艺术。惹巴拉风雨桥，又名凉亭桥，始建
于光绪元年（1875），全长 288.8 米，是世界上最长的土家族风雨桥。惹巴拉宫占地约 5
万平方米，主要建筑有摆手堂、冲天楼、王子楼、公主楼等，为全国第 33 家影视基地，
是全国唯一一座土家族影视城。

捞车河村

竹山苗寨

　　竹山苗寨位于凤凰县麻冲乡，距凤凰古城28千米，最美苗乡公路"千云公路"贯穿全境。该村幽坐昆仑峰下，三面环水，自然环境优美，山水风光秀丽，森林覆盖率达90%以上。该村始建于1513年，是一个拥有500多年历史的纯苗寨。其中民居以当地石材和土砖构造，以石板铺路，岩洞甚多。这里不仅有美丽的苗寨，还有集险、奇、幽、秀于一体的神龙谷峡谷。竹山苗寨民俗古朴，苗歌飞扬，苗家人以歌传情、以歌为媒、以歌联姻。

竹山苗寨

竹山苗寨

马王溪

　　马王溪位于泸溪县浦市古镇西南 4 千米处的马王溪村，距泸溪县城 24 千米，是一个集现代农业观光、农耕文化体验、乡村休闲度假于一体的乡村旅游示范景区。走进马王溪就像走进了一幅美丽的画卷，其中一栋栋小洋楼傍山而建，七彩花果园万绿竞芳。龙子潭峡谷青山拥翠，四清水库碧水清幽，阡陌纵横的乡村小道旁绿树摇曳，共同勾画出美丽乡村中诗意盎然的美景，被誉为"湘西第一村"。

马王溪晚霞

马王溪

双凤村

双凤村

　　双凤村位于永顺县灵溪镇，距县城 15 千米。该村坐落在海拔 800 多米的山上，东倚老司城，南临酉水，北托万福山，西望云贵。从该村远眺，彩云朵朵，双凤展翅，一翅武陵柔波，一翅酉水银浪，故名双凤村。双凤村为纯土家族村落，自建村以来，历两百余代，共两千多年。双凤村民风淳朴，语言、习俗、建筑、民间文化等遗存完整，清一色的土家吊脚楼沿小溪两岸依山而建，至今保存完好。舍巴节、打镏子、土家织锦、梯玛神歌、哭嫁、土家年等原始古老的土家族习俗传承至今，是中国现存最完整的土家族民俗文化村落之一，也是目前仍在使用土家语的少数村寨之一。双凤村是中国土家族上千年历史文化的缩影，为确立土家族为单一民族提供了重要佐证，被誉为"中国土家第一村"。

陇木峒

　　陇木峒位于保靖县迁陵镇，距县城 15 千米，离张花高速保靖下线 18 千米。景区分八部园、土司园、土家文化体验园、花卉博览园四个园区，将自然景观与土家族民俗文化完美融合。陇木峒是湘西州首家集生态休闲、土家民俗、景中漫游、极限游乐、特产购物于一体的生态休闲度假旅游景区，已形成并推出特色村寨观光游、亲子娱乐体验游、特色瓜果采摘游、四季森林花园游、民俗文化展演游等丰富多彩的旅游产品。

陇木峒

夯吉村

　　夯吉村是一个美丽的苗寨，位于保靖县吕洞山镇东部，是一个典型的苗族聚居村。夯吉村民居一直保持着原有的苗寨建筑风格，户间路全是青石板铺就，民居多为青瓦木屋，间杂分布有不少吊脚楼，错落有致，层层叠叠。九山八沟的民居分布，看似毫无章法，实则有规可依。它们依着山势而建，顺着山沟铺排，一屋勾着一屋，一栋连着一栋，或大或小，或新或旧，或高或低，或露或藏。

夯吉苗寨

夯吉苗寨

黄金村

　　黄金村位于保靖县吕洞山镇，距湘西州府吉首市19千米，是"世界绿茶金三角"武陵山区的核心区域。该地溪谷纵横，自成独特的小溪谷气候。群山云雾缭绕，土壤深厚肥沃，富含硒元素。黄金村是高山云雾出好茶的宝地，也是保靖黄金茶的原产地，故名黄金村。相传一将军巡防，途经保靖县葫芦镇时有多人染瘴气，行至两岔河（现黄金村），苗家阿婆采屋前茶树叶沏汤赠与服用，半个时辰后瘴气立愈。将军欣喜，赏黄金一两，并将此茶奉为贡品。该茶被后人称为黄金茶，有"一两黄金一两茶"的美誉。村中有百年古茶树2057株。

黄金村

黄金村茶园

黄金村茶树王

沈从文故居

沈从文故居正堂

沈从文故居庭院

沈从文故居

　　沈从文（1902—1988），中国著名作家、历史文物研究者，20世纪中国最优秀的文学家之一，是一位具有国际影响力的乡土文学巨匠。1924年开始进行文学创作，撰写并出版了《长河》《边城》等小说，1987年、1988年获诺贝尔文学奖提名。沈从文故居位于凤凰古城中营街10号，始建于清同治五年（1866），建筑占地面积311.14平方米，建筑面积227.14平方米，为坐东朝西、砖木结构穿斗式四合院平房。2006年被国务院公布为第六批全国重点文物保护单位。

黄永玉故居

　　黄永玉（1924—2023），著名画家、作家、雕塑家，中央美术学院教授，中国画院院士，曾任中国美术家协会副主席。祖籍为凤凰县沱江镇，笔名黄杏槟、黄牛、牛夫子。黄永玉受过小学和不完整初级中学教育，因家境贫苦，12岁就外出谋生，流落到安徽、福建山区小作坊做童工，后来辗转到上海、台湾和香港。14岁开始发表作品，以后一段时间主攻版画，其独具风格的版画作品饮誉中外。16岁开始以画画及木刻谋生。黄永玉自学美术、文学，为一代"鬼才"，他设计的猴票和酒鬼酒包装家喻户晓。

黄永玉

黄永玉画室夺翠楼

熊希龄故居

熊希龄故居

　　熊希龄（1870—1937），中国近代著名政治家，杰出的平民教育家、慈善家，北洋政府第四任国务总理。熊希龄因禀赋出众、好学深思且勤奋过人，在少年时代便闻名遐迩，被誉为"湖南神童"。其故居位于凤凰古城文星街8号，建于清道光年间，占地面积262.9平方米，建筑面积157平方米。建筑坐北朝南，为四合院格局的穿斗式砖木结构平房。

熊希龄故居庭院

陈宝箴世家

　　陈宝箴世家位于凤凰古城，是凤凰古城的一处人文景观，为清光绪年间道台衙门的组成部分，是凤凰古城最有名的古建筑院落，陈宝箴三代曾经在此生活。陈宝箴（1831—1900）号右铭，晚年自号"四觉老人"，曾任湖南巡抚，清末维新派著名人物。陈宝箴之子陈三立（1853—1937），"维新四公子"之一，清末"同光体"诗派代表人物，近代爱国诗人。

陈宝箴世家

　　陈三立长子陈衡恪（1876—1923），
近代著名画家，并擅长篆刻、书法、诗文。
陈三立三子陈寅恪（1890—1969），现代
著名史学大师、教育家，学识渊博，在国
内学术界享有崇高声誉。陈衡恪次子陈封
怀（1900—1993），著名植物园专家、植
物分类学家。一家四代人中出了这五位杰
出人物，人称"陈门五杰"。陈宝箴、陈
三立、陈衡恪、陈寅恪三代四人在《辞海》
中分别立有条目。

红色湘西

塔卧

　　塔卧位于永顺县塔卧镇，距县城 42 千米，是湘鄂川黔革命根据地旧址。第二次国内革命战争时期，任弼时、贺龙、关向应、萧克、王震等老一辈无产阶级革命家以塔卧为中心创建了湘鄂川黔革命根据地，这是中国共产党在长江南岸的最后一块红色根据地，孕育了红军会师陕北三大主力之一的红二方面军，走出了 166 位开国将军，被誉为"红色塔卧、百将摇篮""湘西塔卧、江南延安"。塔卧先后被授予全国重点文物保护单位、全国爱国主义教育示范基地、全国 100 个红色旅游经典景区、全国 30 条红色旅游精品线路、全国红色旅游乡镇、国家级烈士陵园纪念设施、国家国防教育示范基地等荣誉。

塔卧纪念碑

茨岩塘纪念馆

茨岩塘

　　茨岩塘位于龙山县茨岩塘镇，距龙山县城 22 千米，为湘鄂川黔革命根据地旧址。茨岩塘是一块红色的沃土，1934 年，任弼时、贺龙、关向应、萧克、王震等老一辈无产阶级革命家率领红二、六军团创建了湘鄂川黔革命根据地。川黔省委机关先后从大庸迁至永顺塔卧，再到龙山兴隆街、茨岩塘。红二、六军团以龙山为指挥中心，围攻龙山城，夜战象鼻岭，激战招头寨，阻击石家垭，取得了忠堡、板栗园、芭蕉坨等重大胜利，粉碎了敌人围剿，牵制国民党三十余万兵力，有力地策应了中央红军长征。现保存有红色旧址（遗址）40 余处，先后荣获全国重点文物保护单位、全国爱国主义教育示范基地、国家国防教育示范基地、全国 100 个红色旅游经典景区、全国 30 条红色旅游精品线路等荣誉。

十八洞

　　十八洞位于花垣县双龙镇十八洞村，紧邻 209、319 国道，距高速出口 5 千米，距州府吉首市 34 千米。矮寨·十八洞·德夯大峡谷于 2021 年成功创建为国家 5A 级旅游景区。

十八洞生态环境优美，森林覆盖率达 87%，地质景观独特，属高山溶岩地貌。村内有 18 个天然溶洞，洞洞相连，有"亚洲第一奇洞"之称，十八洞村因此而得名。2013 年 11 月 3 日，习近平总书记来到十八洞村实地调研，提出了"实事求是、因地制宜、分类指导、精准扶贫"的重要论述，从此，十八洞村成为精准扶贫首倡地。十八洞景区拥有红色党建、研学旅行、苗乡风情三大旅游产品，正着力打造新时代红色地标，构筑武陵山旅游高地。

十八洞村

民族风情篇

湘西，是既充满诗意，又弥漫着人间烟火味之地。诗意源于自然，我们可以纵情于山水之间；烟火是风情，我们可以感受这方古老大地的温情与风骨。

神秘湘西，风情万种。璀璨多姿的民族风情在古老大地间回荡，穿过岁月延续至今，令人过目难忘、遐想联翩……

湘西人善歌舞。湘西悠久的民族风情字典里，永远流淌着歌与诗。湘西人民善于创造，乐观豁达，敬畏万物。在湘西，上，以歌舞祭祀神明；下，以歌舞愉乐传情。土家梯玛神歌、铜铃舞，是上古神话的颂歌和注解。苗家巴代古歌，记录着古老民族的迁徙神迹，潜藏着民族的生存密码。这些古歌雄浑激昂，声动山河，成为浪漫传奇和民族史诗。湘西人民的生产生活中，对歌、盘歌、哭嫁歌、薅草锣鼓等，生动形象地反映民族风情，如沐春风。苗家四月八、六月六、土家山歌会，只要歌声响起，青年男女眉目传情，歌声达意，笑语欢呼。人们以土家摆手舞，牵手摆舞，喜庆丰收。苗族鼓舞，震撼山谷，鼓舞世界。湘西人民这些歌舞音乐，婉转多情，声情并茂地记录与展现着这个民族的喜怒哀乐与悲欢离合。

湘西人喜装扮。苗族银饰是叮当作响的苗族史诗，苗族银饰可分头饰、颈饰、胸饰、手饰、盛装饰和童帽饰等，由苗族银匠精心做成。苗族银饰以大为美、以重为美、以多为美，以其多样的品种、奇美的造型与精巧的工艺，向人们呈现了一个瑰丽多彩的艺术世界，也展示出他们丰富的精神世界。苗绣大量运用各种变形和夸张手法，表现苗族创世神话传说，形成独有的艺术风格，是苗族人勤劳智慧的结晶。西兰卡普，即土家族人的花铺盖，是土家族绚丽多彩的文化符号，在土家族人民生活中有实用、礼俗和审美三方面的意义。西兰卡普是土家族婚俗中的主要嫁妆，客观上是女方经济地位的标志和女儿有无教养的凭证，在受人观赏的嫁妆行列和任人品评的新房陈设中格外引人注目。

湘西人多节庆。土家族舍巴日，以缅怀祖德、庆丰祈福为愿景的民间节庆活动，涵盖了摆手舞、毛古斯、梯玛歌等原生态文化现象，具有文化、道德、伦理、教育等诸多传承功能和文化凝聚力。这些节庆是土家族非物质文化遗产薪火相传的综合载体。吉首鼓文化节，是湘西苗族文化走向世界的重要探索。湘西苗家无酒不席，无鼓不欢，村寨集会，宾朋相约，红绸上下翻飞，鼓声响彻云端。恰是这种爱鼓如命的禀性，民族风情为各民族鼓手会聚吉首、擂响世界人民大团结的"和平鼓""友谊鼓"播下了种子。赶秋节，苗族人民都要停止农活，身穿节日盛装，邀友结伴，兴高采烈地从四面八方涌向秋场。人们唱苗歌、吹唢呐、舞狮子、打花鼓、打猴儿鼓、上刀梯、荡八人秋，热闹异常。苗族六月六、土家年、乾州春会、土家族晒龙谷、矮寨百狮会、浦市中元节、钢火烧龙、吕洞山祭祖、跳香……这些丰富多彩的节庆活动，彰显了文化的多元、风情的多种，是湘西人表达喜悦、释放情怀的方式，更是湘西各族儿女对生活的拥抱和对未来的欢歌。

如果说文化风情是一个民族的符号，欢腾着一个民族的精气神，那么，湘西这片神奇的土地，正因为有了这些如钻石般光芒四射的民族风情，才汇聚形成一种多元璀璨的文化内涵，并奠定了它的神秘属性。当然，除了民族欢腾的节庆外，也有对生命的敬畏。比如，在面对死亡、婚庆、生育等重要节点时，湘西的少数民族又有自己独特的民俗和禁忌。这些民俗和禁忌蕴藏着历史和传统更深层次的古老底色。

湘西人擅技艺。凤凰彩扎用篾条扎骨，外面糊以皮纸并施以彩绘，显现出很高的艺术水准。国家级传承人聂方俊开创的"聂氏纸扎"博采众长，不但追求"奇、古、艳、轻"的特征，同时也有"粗、俗、野、土"的本土特色，所扎龙头、狮子头、独角兽等飞禽走兽及海里的各种鱼虾蟹龟蚌，皆生动逼真。湘西的建筑是凝固的音乐。土家族、苗族特有的吊脚楼属于木结构，根据地形而建，楼分半截吊、半边吊、双手推车两翼吊、吊钥匙头、曲尺吊、临水吊、跨峡过洞吊。富足人家雕梁画栋，檐角高翘，石阶盘绕，大有空中楼阁诗画之意境，成为湘西一景。踏虎凿花是泸溪县特有的民间传统手工艺，因踏虎村而得名，起源于苗族服饰的纹样蓝本。主要用刻刀凿制完成，多以块面结合，还因多层的挫刻以及刀法与针法相结合，画面呈现出浮雕般的立体效果，追求繁中求简，简中见繁，细腻而不见其假，粗犷而不失其真的艺术效果，体现了独特的手工技艺。银饰锻制是苗族民间独有的技艺，所有饰件都通过手工制作而成。湘西苗族银饰的式样和构造经过匠师的精心设计，由绘图到雕刻和制作有 30 道工序，包含铸炼、捶打、焊接、编结、洗涤等环节，工艺水平极高。湘西人的日常生活中，遍布多种传统手艺，其中，国家级非物质文化遗产 28 项、省级 87 项、州级 275 项，它们是璀璨夺目的民族文化瑰宝，充分地体现了湘西各族人民聪明能干、智慧机巧、善良友好的民族性格。

越是民族的，越是世界的。2010 年 5 月，国家文化部批准设立武陵山区（湘西）土家族苗族文化生态保护实验区。2021 年 5 月，国家文化和旅游部为武陵山区（湘西）土家族苗族文化生态保护区授牌，国家级文化生态保护区的"湘西样板"已经形成。

山一程，水一程，湘西人民一路风雨兼程，一路披荆斩棘。近年来，随着文化生态保护持续推进，古老的湘西民族文化风情抖落尘土，熠熠生辉。新时代正赋予这块绚烂神奇的土地更多的意义和特性。千年遗世独立的湘西风情，正沿着时间的轴线登上时代的舞台，散发出前所未有的独特魅力。

歌 舞 湘 西

土家族梯玛歌

　　梯玛，土家语是指土家族中从事祭祀驱邪，为村寨消灾弭难的民间巫师，又称土老司。在土家族人民心目中，梯玛神通广大，他们行走于人神之间，身负神的使命和人间诉求。其主要职责是请求神灵降临，帮助人们解除当下的痛苦，赐予村民无边的幸福。梯玛歌是指在举行重大祭神驱邪、消灾弭难等仪式时，梯玛伴随着仪式进程而吟唱的一种神圣的叙事组诗。土家族梯玛歌主要包括服司妥（还愿）、杰洛方（翻手板或解劫）和宋姆妥（祭祀先祖之灵的仪式）。土家族梯玛歌富有激越昂奋的诗情，闪耀着神秘浪漫的光辉，歌舞兼具。同时充满神秘色彩，是一代又一代梯玛思想的再现，也是土家族精神文化的载体之一。

吟唱土家族梯玛歌

土家族毛古斯

土家族毛古斯

　　毛古斯舞是土家族最为古老原始的舞蹈，是土家人用以纪念祖先开拓荒野、刀耕火种、捕鱼狩猎等创世业绩的一种原始戏剧形式。它是舞蹈界和戏剧界公认的中国舞蹈及戏剧的最早源头。毛古斯从其服饰、道具到表演的形式和内容，真实地再现了父系社会至五代时期土家人的渔猎、农耕、婚姻等生产生活习俗。它虽然不是成熟的戏剧形式，但已有模拟远古先民劳动和生活的故事情节，并通过舞蹈、道白来表达，被专家称为中国戏剧的"活化石"。2006 年 5 月，毛古斯经国务院批准被列入第一批国家级非物质文化遗产名录。

土家族毛古斯

土家族哭嫁歌

哭嫁，是土家族较为独特的习俗。土家族哭嫁歌是土家族姑娘出嫁时哭唱的歌谣。土家姑娘哭嫁一般在婚前半个月左右开始，也有男方"送日子"后忙嫁时就开始哭唱的。哭唱即将出嫁的姑娘多邀请寨上相好的姊妹陪哭。哭唱的持续时间，少则三天，多至七天，多的长达十天半个月，甚至更长。哭嫁的内容，有哭父母，感谢父母养育之恩；有哭姊妹，诉说相扶相帮的姊妹亲情；有哭媒人狠心拆散骨肉情、姊妹情。媒人不生气，回应：天上无云不下雨，地上无媒不成亲等。哭词有时是固定的，也有即兴的。土家人视姑娘会哭为有出息，不会哭则被视为愚蠢。因此，土家姑娘十二三岁便跟着奶奶、母亲或已婚妇女"咿咿呀呀"地学习哭嫁歌。土家族哭嫁歌被列入国家级非物质文化遗产名录。

土家族哭嫁歌

土 家 族 咚 咚 喹

土家族咚咚喹

咚咚喹，土家人也称它为"呼里"。亦根据咚咚喹的传统曲牌，称其为"巴列咚""呆嘟里"。土家族咚咚喹具有声乐体与器乐体共存的形态，是一种十分古老而又特别的音乐形式。它保留着湘西地区土家族古代歌谣的特色，土家族咚咚喹婉转悠扬，旋律简单明快，演奏形式多样。这种从一支不起眼的小小竹管里吹奏出来的音乐，曾在北京人民大会堂奏响。同时随着国家对外文化交流，登上了国际舞台，向世界人民展示土家族文化乃至中国文化的博大精深。

土家族打镏子

　　镏子，是流传于湘西土家族地区一种古老的民间组合式打击乐，统称"家伙哈"，也称"打家伙""打挤钹"。它历史悠久，曲目繁多，演技独特，表现力丰富，是土家族特有的艺术形式。湘西的土家山寨中，但凡娶亲嫁女、祭祀庆典、过年过节之际，镏子自然成为主角。一种热闹喜庆的氛围随着打镏子会弥漫四周。湘西土家族打镏子队伍主要分布在龙山、永顺、保靖、古丈等县的乡镇。其中，龙山县坡脚乡田隆信是其重要传承人。他创作的土家族打镏子《锦鸡出山》多次参加国外演出，被中央音乐学院授予"建国后海内外有影响的中国民间乐曲"称号。土家族打镏子的最大特点就在于喜庆气氛，另一个特点就是它的幽默。土家族打镏子至少需要三个人表演，必须注重密切配合。土家族打镏子是我国稀有的民族音乐曲种，在世界音乐史上显得非常独特。

土家族打镏子

土家族摆手舞

土家族摆手舞

　　摆手舞是土家族特有的一种舞蹈，更是一种神圣的祖灵祭祀活动。或者说，土家族摆手舞是一种以摆手为主要内容的祖灵祭祀活动。摆手舞最大的特点不仅在于舞蹈，还在于经常穿插有原始戏剧的表演，夹杂有大量的歌，或器乐伴奏。它是湘西土家族地区历史最悠久、流布地域最广的文化艺术形式。可以说，在湘西只要有土家族聚居的地方，就有摆手舞。清代土家族诗人彭施泽的《竹枝词》中所言"福石城中锦作窝，土王宫畔水生波，红灯万盏人千叠，一片缠绵摆手歌"，生动描述了永顺老司城一带摆手舞的盛况。

酉水船工号子

酉水船工号子

　　酉水船工号子，又称酉水船歌。它是一种长期流传于酉水流域，由从事水上运输的船工经数千年共同创造而用以表达自己内心情感和思想观念的民间歌谣，属于劳动号子的一种。它产生于劳动，服务于劳动，是一部用心、口、血、汗、船、帆、舵、橹、桨、篙、纤组合而成的"酉水大合唱"。酉水船工号子表达了酉水流域土家儿女几千年开土立业、战天斗地的思想感情，见证并记录了酉水流域几千年的民族起源、民族史诗、民族迁移、民族神话传说、宗教礼仪等，是酉水文化的重要组成部分之一。

苗族鼓舞

　　苗族鼓舞是苗族传统文化娱乐项目和民间艺术，也是苗族文化经典项目。它节奏明快，动作敏捷，融体育和舞蹈为一体。每逢苗族盛大节日，村村寨寨男女老少都要聚集到坪场进行苗鼓表演赛。苗鼓不仅见证了苗族人民的生产生活，还表达了苗族人民的思想感情和审美情趣。苗鼓种类繁多，有花鼓、团圆鼓、跳年鼓、筒子鼓、女子单人鼓、男子单人鼓、双人鼓、猴儿鼓、八合鼓、撼山鼓等。其动作内容主要包括生产劳动、生活习俗、武功拳术和动物动作四大类。

苗族鼓舞

苗族鼓舞

苗族鼓舞之猴儿鼓

苗族古歌

　　苗族是一个讲礼仪而重教化的古老民族，他们中最流行的一句俗语是："老的不讲古，年轻的失了谱。"苗族古歌以它独特的教育、文化、传承、沟通、娱乐等功能，在推动苗族地区经济发展和社会进步方面，发挥着不可替代的作用。1990 年，苗族历史文化专家龙炳文根据苗族巴代龙玉六口授，经过记录翻译整理出《古老话》。其主要内容包括开天立地、战争迁徙、风俗习惯、生产劳动、神话传说、爱情故事、堂客礼辞、丧葬火把、苗医苗药以及天文哲学等方面。湘西苗族古歌是一首首苗族史诗，是苗族精神标本的展览馆，是认识苗族的百科全书，具有不可替代的文化价值。

苗族古歌

苗族民歌

苗族民歌

　　湘西苗族民歌是由苗族群众集体创作，并长期流传于苗族聚居区，以抒情为主的短小的民间诗歌。湘西苗族民歌历史悠久，调式众多，曲艺结构完整而旋律独特。节奏自由而复杂，演唱形式多样，具有浓郁的民族特色。苗族民歌按内容可分为苗族古歌、仪式歌、情歌、劳动歌、时政歌等类型；按声腔特点可分为高腔、平腔、当真腔、叭固腔、傩言腔等。湘西苗族特别喜欢唱歌，苗族民歌体现了湘西苗族的独特精神，反映了湘西苗族人民内心的愿望。

辰河高腔

　　辰河高腔是辰河戏的主要声腔，具有浓郁的地域特色和广泛的影响力。受辰河高腔优美高昂、婉转粗犷主流声腔的影响，当地民众将"辰河戏"称为"辰河高腔"。辰河高腔脱胎于江西弋阳腔，发祥于沅水流域昔日繁华的商埠古镇——泸溪县浦市古镇。辰河高腔的表演是伴随着民间祭祀活动进行的，宜于表现悲欢离合的家庭戏，尤其擅演悲剧，"四十八本目连戏"是其精华。沈从文从小爱听辰河戏，他爱得深沉，爱得痴迷，到了晚年，一听戏就流泪。黄永玉只要回到家乡，就要看几场辰河高腔演出，2002年8月27日是黄永玉78岁生日，他邀请泸溪县辰河戏剧团专程赴北京为自己庆生。辰河高腔被誉为中国戏剧"活化石"，被欧洲艺术家们称之为"东方神奇的艺术瑰宝""民间戏剧艺术的奇葩"。

辰河高腔

辰河高腔

土家族舍巴节

　　舍巴节又叫社巴日，社巴日为土家语，汉译是"做敬祖先的事"。舍巴节蕴含祭祀先祖、祈祷丰年、谈婚论嫁等多重文化内涵，是湘西土家族融祭祀与娱乐为一体的民族盛大节日活动。这一活动涵盖了敬八部大神、摆手舞、毛古斯、梯玛歌、摆手歌及土家织锦、民间戏剧、民间游艺、民间剪纸等一系列原生态文化内容，是土家族非物质文化遗产薪火相传的综合载体。

土家族舍巴节

土家年

　　土家年是土家族最隆重的节日，又称过赶年。土家族过年比汉族提前一天，即农历腊月月大时在二十九，月小时在二十八。传说明代嘉靖年间，江浙沿海倭患肆虐，朝廷征调湖广士兵抗倭。因时间紧迫，为了使即将奔赴抗倭战场的将士过了年再走，只好提前在腊月二十九过年。奉调的土家官兵提前吃了年饭以后，奔赴东南沿海前线打击倭寇，取得了"东南第一战功"的辉煌战果。土家人为了纪念这个很有意义的日子，将之称为过赶年，世代相传。

土家年之祭祖

土家年之洒水饭

首八峒八部大王祭

首八峒八部大王祭

　　八部大王祭是流行在酉水流域保靖、龙山、永顺、古丈土家族民间的先祖祭祀活动，于每年农历正月初三至十三或六月六进行祭祀。土家人对祖先的推崇表现在对部落酋长的崇拜上，尤其信奉八部大神。据记载，历史上土家族地区共有八个区域，八峒各有其首领。而土酋涅壳赖（首八峒人）被公推为首，故名八部大王。后人立八部大王庙以示纪念，庙中每年必行祭祀，称八部大王祭。保靖首八峒现存清乾隆二年（1737）所建的八部大王庙遗址，亦即首八峒遗址，对研究酉水流域的文化和土家族古代政治经济有不可替代的价值。

土家族晒龙谷

　　土家族晒龙谷主要流传在永顺县及周边的土家族聚居山区。每年中秋节前后择定吉日，来自十里八乡的人们相聚一起，额手称庆，祭神拜龙，吉时开割，土家族称其为晒龙谷。土家族晒龙谷活动包括观龙谷、梯玛祭祀、开镰晒龙谷、龙谷舞和龙谷宴。晒龙谷是土家人的丰收节，充分展示了土家族农耕农业文化和独特的民族习俗。

土家族晒龙谷

苗族赶秋节

　　赶秋节，苗话叫"赶秋"，是湘西苗族现存最古老的传统庆典活动之一。传统的赶秋场就是每年立秋这天，农历逢赶集的墟场便是当年秋场。赶秋节不仅历史久远，而且内容丰富，主要有迎秋、祭秋、闹秋等环节。赶秋节是苗族农耕文化的再现，是苗族宗教文化的生动反映，是苗族人民热爱生活的体现。一场赶秋盛会就是一场别开生面的苗族服饰展示会，构成一道亮丽的风景线。

苗族赶秋节一角

苗族赶秋节

苗族四月八

　　四月八是湘黔边区苗族重要的传统节日，又称亚努节。每到农历四月八这天，苗族群众都要举行盛大的纪念和联欢活动——跳花跳月。跳花跳月是为了祭祀祖先，缅怀英雄，联欢交友，共谋幸福。四月八歌会内容有吹唢呐、打花鼓、敲大锣、舞狮子、耍滚龙、上刀梯、荡秋千、耍武术、唱花灯……入夜，人们举着火把，围着篝火跳花跳月，对歌谈情。

苗族四月八

苗族四月八之祭祖

苗族六月六

　　六月六歌会是湘西苗族一项重要的节庆活动，又叫赶歌节，是湘西苗族大型歌会。六月六，各地苗族祭祀对象与形式各不相同。花垣县和古丈县的苗族在六月六祭祖。泸溪县的苗族在六月六敬五谷神。凤凰县的苗族在六月六举行苗歌会。经传承和发扬，苗族六月六歌会活动内容日益丰富，有拦门酒礼、苗歌会、苗族民间体育、传统民族文化表演等，还增加了祈求五谷丰登、人畜兴旺意愿的跳香活动。最具吸引力的是山坡上、小溪湾、森林里的小歌会，它们是以歌为媒的苗族情人节。

苗族六月六

过苗年

苗年

苗年是苗族人民最隆重的传统节日之一，各地区过苗年的时间不同，从农历九月至正月不等。苗年既是苗族同胞庆贺丰收的节日，也是祭祀祖先神灵，祈求来年风调雨顺、五谷丰登、人畜兴旺、国泰民安的祈福日。苗年的主要活动包括杀年猪、祭祖、打糯米粑、打团圆鼓、唱苗歌、表演绝技和吃团圆饭等。

过苗年

吕洞山祭祖

　　吕洞山祭祖是湘西苗族重大的祭祀活动。苗族称吕洞山为阿公阿婆山，或苗祖圣山。据记载，湘西苗族发源于黄河流域，经过八次大的迁徙，最后来到了吕洞山的"占求占帕"安家建园。人满为患后在吕洞山"占求占帕"举行椎牛合鼓仪式，之后分散到湘西各地区创立家园。从此，吕洞山成了苗祖圣山。每年农历九月九日举行的吕洞山苗族文化艺术节也是苗族圣山祭祀大典，它以独特精彩的苗族原生态文化展演和神秘的苗祖圣山祭祀仪式，吸引四面八方的人参与，影响力越来越大。

吕洞山祭祖

苗族跳香

苗族跳香

　　跳香是苗族人民欢庆丰收，祈祷来年风调雨顺、幸福安康的群众文化节会。跳香由祭祀仪式和群众歌舞两大主要活动组成。祭祀中身穿红袍，手持司刀、缙巾、牛角的苗老司在锣鼓声中做法事，主要程序为请师、申法、传五谷、发童子、大旋场等。群众歌舞包括唱山歌和跳苗族瓦乡舞。苗族跳香保留了苗族生产生活习俗及民间歌舞，对研究苗族瓦乡人的民俗及文化艺术具有重要价值。

苗族跳香

鼓文化节

　　鼓文化节是湘西苗族文化走向世界的重要探索。湘西苗家，无酒不席，无鼓不欢。村寨集会，宾朋相约，红绸上下翻飞，鼓声响彻云端。

吉首鼓文化节

　　恰是这种爱鼓如命的禀性，为各民族鼓手会聚吉首，擂响世界人民大团结的"和平鼓""友谊鼓"播下了种子。一届又一届"吉首鼓文化节"的举办，使得苗鼓文化流传四海，喜结民族团结之缘，被湖南省委宣传部列为"湖南省三大民族节会"品牌之一。

乾州春会

　　乾州春会是湘西地区春节民间最具特色的民俗活动之一。乾州春会活动包括扎春、演春、游春三个环节。乾州"春"与古典戏剧、民间故事、民间神话传说及当地民间习俗息息相关，综合运用了民间手工技艺、民间美术绘画和民间人物故事进行精心设计，通过生动的造型、鲜明的色彩、独特的形式再现人类古老的文明及历史发展进程。

乾州春会

乾州春会

矮寨百狮会

　　百狮会是湘西苗族一项盛大的年俗活动。旧时每年农历正月，几十个寨子的人聚集到吉首矮寨对歌舞狮，上百头狮子从四面八方涌来，跳跃起舞，比试风采。千百年来，百狮会活动一直活跃在矮寨这方土地上。而今，矮寨百狮会已成为湘西苗族对内展示民族民间文化艺术，对外传播苗族优秀传统文化的重要窗口，是苗族人民交流友情，促进民族大团结，以及展现美好幸福生活的大聚会。

矮寨百狮会

矮寨百狮会

钢火烧龙

　　钢火烧龙是湘西民间一项大型传统的民俗活动，以吉首市马颈坳镇和河溪镇的钢火烧龙最负盛名。它是一项元宵节民间狂欢习俗。沸腾的钢花如暴雨般倾盆而下，一群彪悍的小伙飞舞着神龙，疯狂地在火海中嬉戏游荡。钢火烧龙分为制龙、制药、接龙、烧龙、化龙五个步骤。湘西钢火烧龙吸收汉民族龙文化，又在土家族苗族文化的基础上发展演变，是一种融合多民族文化的元宵习俗。

钢火烧龙

钢火烧龙

浦市中元节

　　浦市中元节是当地群众纪念祖先的节日，已有 2000 多年历史。中元节期间，当地群众自发举行盛大的祭祀活动，内容包括祭祖、唱坐堂戏、演目连戏和放河灯等，以悼念先辈亲朋，弘扬忠孝精神。近年来，节庆活动逐步规范，主要包括举行巫傩大戏、踩街、辰河高腔、拜码头等一系列具有浦市浓郁地域特色的活动，充分展示了浦市古镇原汁原味的风土人情。

浦市中元节

凤凰纸扎

　　纸扎是民间传统手工技艺之一，人们以竹木、彩纸、箔纸等为材料，将扎制、剪纸、雕塑、彩绘等技艺融为一体。同时根据民俗生活需要，制作成各种彩灯或者明器。湘西纸扎艺术主要运用于丧葬祭祀习俗和节庆习俗，具有强烈的民俗色彩，以精美的工艺造型和缤纷的色彩相组合。湘西纸扎的代表是凤凰纸扎，凤凰纸扎的代表是聂氏纸扎。凤凰纸扎是一面反映当地民俗民风的活镜子，它折射出湘西民间的鬼魂观念、宗教信仰和审美情趣，蕴含着丰厚的民族文化内涵。

凤凰纸扎

蓝印花布印染技艺

蓝印花布印染技艺

　　湘西蓝印花布，是一朵根植于民间的民族文化奇葩。蓝印花布印染技艺综合运用了扎染印版刷花和防染剂技法，从而创造了具有民族特色的传统印染工艺，经过 30 余道工艺程序获得了蓝白相间的花纹和亮丽的图案效果。湘西蓝印花布的主要艺术特点是明快清新的蓝白对比，简洁大方的装饰效果，以及祈福迎祥的文化内涵。诸多染坊中，以凤凰的刘氏染坊最为著名，其一直坚持蓝印花布这一传统工艺的生产，把这一工艺发展为国家非物质文化保护传承人高度的就是刘贡鑫。蓝印花布作为湘西传统的民间手工艺品，具有悠久历史，既有广泛的应用价值，又有珍贵的艺术价值和收藏价值。

苗族服饰

　　湘西是美丽的，比湘西更美丽动人的是湘西苗族人独特的服饰。苗族服饰指的是苗族群众在日常生活中或在其他特殊的仪式中所穿的服饰，以夺目的色彩、繁复的装饰和耐人寻味的文化内涵著称于世。苗族是一个只有语言没有文字的民族。苗族服饰图案肩负了传承本民族文化的历史重任，具有文字部分的表达功能，被称为"无字史书"和穿在身上的"史书"。它是我国所有民族服饰中最华丽的，是中华历史文化的瑰宝。

苗族服饰

苗族服饰

苗族银饰锻制技艺

苗族银饰锻制技艺

　　苗族历史悠久,民俗文化丰富。服饰独特,银饰为首,最负盛名。苗族银饰素以用料讲究、构图精巧、造型典雅、色彩艳丽和技艺精湛而著称。苗族银饰锻制技艺工艺复杂,工序繁多,主要有17道工序。经过漫长的历史发展,苗族银饰锻制技艺形成了一门独特的民间工艺。苗族银饰与民间工艺、民俗生活、节日庆典相交融,创造了独具特色的银饰文化。

苗族银饰锻制技艺

苗绣

　　苗族刺绣简称苗绣，是湘西苗族民间传统的刺绣技艺。苗族妇女擅长纺织和刺绣。苗绣以五色彩线织成，讲究对称美、充实美和艳丽美，图案主要由规则的若干几何图形组成。苗绣上以柔美的水波纹、起伏的山脉纹、太阳星芒纹、蝴蝶纹和花蒂鸟兽纹等来表达民族迁徙、生命崇拜、宗教信奉以及神话传说的意蕴，再现了少数民族生息繁衍的历史。湘西苗族刺绣经过几千年的传承和发展，形成了自身的独特风格。绣品多作为服装、门帘、被面、背裙、枕头、床单及荷包搭裢的装饰。其色彩对比既强烈、粗犷，又秀丽、细萃、素雅。苗绣艺术是苗族历史文化中特有的表现形式之一，是苗族妇女勤劳智慧的结晶。

绣娘

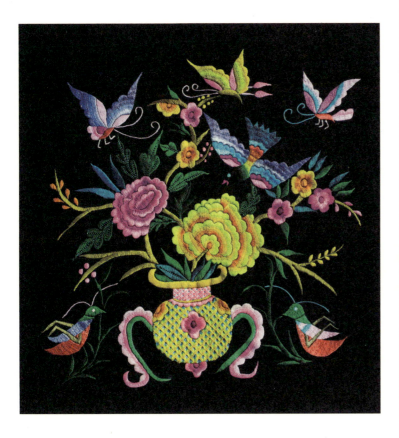

苗绣图案

苗医药

　　苗族医药学历史悠久，医理完善，医技独特，且疗效显著，是苗族文明的瑰宝，也是中国传统医学的瑰宝。苗医药是苗族人民原创的，以天人合一的自然观、三生万物与营养平衡的基本理念为指导，以望、问、脉、闻、听、摸"六诊"方法为主要手段采集临床资料。以"两纲""五经"辨病，采用天然苗药组方或采用非药物疗法，是集预防、治疗、保养于一体的苗族传统医药学。苗族医药具有十分古老的历史，可追溯至传说时代的"神农尝百草""蚩尤传神药""祝融传按摩强身术"，至今已有四五千年的漫长历史。湘西苗医药以凤凰、花垣为代表，核心区域是腊尔山、吉卫台地，辐射至周边的苗族医药流布区。

苗医药

苗族挑花

苗族挑花

　　湘西苗族挑花是传统的手工针织工艺，是一门古老的民间美术，也是湘西苗族妇女在长期生产生活中积淀演化，融"生活与艺术"为一体的一种艺术形式。湘西泸溪等地将挑花叫作数纱，湘西苗族挑花被列入国家第三批非物质文化遗产名录，其所采用的工艺、图案就是泸溪县独特的数纱工艺与图案。挑花，也称挑织、十字花绣或十字挑花，是抽绣工艺的一种，亦指刺绣的一种针法。技法是在棉布或麻布的经纬线上用彩色的线挑出许多很小的十字，构成各种图案。一般挑在枕头、桌布、服装等上面，具有极强的装饰性。湘西苗族挑花纹样大致分为 4 大类型、60 余种，每一个类型的纹样背后都有一个动人的传说，蕴含着饶有意趣的故事。

苗画

　　苗画，又称绘绣，它是清朝时期湘西苗族百姓在单色传统绣花样稿的基础上，发展而来的一种独立的画种。我们看过苗画，都会有这样的感觉，那就是苗画的绘图与着色有一种梦幻般的艺术风格。其题材十分广泛，既取材于大自然，也取材于社会生活，还取材于本民族的远古神话和历史传说。苗画造型丰富，可分为纹样造型和图案造型。苗画色彩艳丽缤纷，有强烈的构图美感。表现手法主要有写实与抽象，画面兼有夸张与变形，自由与严谨等特质。它是苗族极具魅力的民族符号载体，传承和演绎着苗族千年的历史文化。

苗画

苗画之黄金茶古树王

踏虎凿花

踏虎凿花

　　踏虎，是指湘西泸溪县的踏虎村，它以自己独特的凿花工艺而闻名遐迩。湘西民族地区用于各种服饰及装饰品的剪纸叫凿花，即凿纸花样或纹样，当地民族称之为"扎花"或"锉花"。其技法主要是用凿刀深刻和用针深扎。踏虎凿花一次要达到几十层，有一定深度，所以叫凿花。凿花常用的工具和材料有刻刀、刻板、纸张、纸钉、小铁锤、粉袋和剪刀等。1955年，沈从文写作《塔户剪纸》，全面生动地介绍了踏虎凿花。沈从文的介绍使踏虎凿花地方艺术名扬天下，其中技艺最精湛的是踏虎村黄靠天家族。踏虎凿花丰富了中国民间剪纸艺术的表现形式，在中国剪纸史上罕见，具有独特的审美价值。

技艺湘西

踏虎凿花

土家族织锦技艺

　　土家织锦，土家语称"西兰卡普"，汉语称"土花铺盖"。1989 年，龙山县的土家织锦在南斯拉夫国际博览会上获得金奖。从此，土家织锦声名鹊起，远销欧美及东南亚等国家和地区。土家织锦是土家族文化的亮丽瑰宝，其技艺是中国土家族保留最为完整的一种原始纺织手工技艺。土家织锦图案精美，色彩艳丽。纹样豪放夸张，独具特色，是土家族古老文明的历史见证，被称为"写"在织物上的土家历史。

土家族织锦技艺

土家族织锦

土家族吊脚楼营造技艺

土家族吊脚楼营造技艺

　　湘西土家族吊脚楼，土家人称其为"走马转角楼"。土家转角楼与苗族吊脚楼外观形式大同小异，苗族以楼子吊脚楼称其居所为吊脚楼，土家族以楼子瓦面翘脚称土家民居为转角楼。湘西土家族吊脚楼营造技艺的经典代表是古溪州地永顺、龙山县的土家村寨群落。其营造技艺主要包括选屋场、造屋场、定社稷、伐木、偷梁、起造、上梁、甩梁粑、装修和请火神等环节和仪式。土家族吊脚楼有"一"字形、"L"字形、"凹"字形、"山"字形、"皿"字形以及"口"字形等型制；依地形分为平地起吊式、沿河起吊式、峡谷起吊式；依建筑风格可分为挑廊式和干栏式。土家族吊脚楼是我国民族建筑的艺术瑰宝，其穿斗构架、榫卯结合，朴素精美的装饰以及巧夺天工的营造技艺，令世人叹为观止。

山水风光篇

巍巍武陵山，蜿蜒在湘鄂渝黔四省市的交汇接壤之地。"止戈为武，高平为陵"，武陵山脉被命名的文化意义，大抵如是。

山连山，山中山，这是湘西山川的基本格局。大灵山、太平山、八面山、高望界、吕洞山、南华山、羊峰山、天星山、白云山、天桥山……这些山峰彼此呼应，在天地之间隔空对话，勾连出雄阔壮丽的江山画卷。

人类文明的产生，大多与河流关系密切。许多文明在水之滨产生，在水之湄成长。湘西也不例外。沅水，起源于贵州省云雾山鸡冠岭，从云贵高原一路跌跌撞撞而来。醉行至泸溪境内时，大大地喘上一口气，方显从容。如是才能气定神闲，江面开阔，河湾的沙洲和临水的台地，得水泽被，得土厚德厚生。早期的人类以渔猎为主要生产方式，他们繁衍生息，文明的星星之火开始燎原。

而沅水的最大支流——酉水，古称酉溪。它是武陵五溪之一，源出湖北宣恩县酉源山，自北东向西南流向湘西境内，吸纳如洗车河、猛洞河、清水江以及沅水的另一支流峒河等众多径流，主干和支系交错，径流与干流纵横，构成蔚为壮观的湘西水系版图。

山水呈现湘西风景之美。这里的山，挺拔如土家汉子。这里的水，柔情似苗家阿妹。这里险峰、峡谷比比皆是，这里河流、瀑布处处美景。这里到处绿意盎然，生机勃勃，是天然氧吧，空气质量、水源质量全省第一。猛洞河国家级风景名胜区内的猛洞河漂流，被誉为"天下第一漂"；小溪国家级自然保护区是中南十三省唯一幸存的免遭第四纪冰川侵袭的原始次生林；国家级风景名胜区吉首德夯，被人们称为"天凿奇峡"；还有国家森林公园坐龙峡、国家地质公园红石林、国家湿地公园峒河等。亿万年来，山与水的交融孕育了湘西神秘而又真实、粗犷而又精致的绝妙风光。空中草原绝壁陡峭的八面山，傲然耸立幻化云间的羊峰山，怪石嶙峋的红石林，九天银河倾泻而下的尖朵朵瀑布，峭壁凌空清流拍岸的坐龙峡，以及碧波荡漾人游画中的栖凤湖……所有奇观，在漫长的演化过程中，镌刻成大地传奇。徜徉湘西山水之间，人们领略鸟语花香，鱼戏清波。湘西早已成为天下游客心中的诗与远方。

山水彰显湘西融合之美。美丽山水与现代科技相互融合。矮寨大桥横跨德夯大峡谷，全长1779米，主桥全长1414米，创造世界桥梁建造史上四个第一。"一桥飞架南北，天堑变通途。"古老的苗寨因为一桥飞度，改变了生活节奏，摆脱了千年贫困。在这里，一边是来自五湖四海的天下游客，一边是淳朴的大山乡亲。一边是代表了世界最前沿的高端科技，一边是传统的风俗、图案、技艺，代表璀璨的民族文化。诺贝尔文学奖获得者莫言来到矮寨大桥，亲笔题写"人间仙境"四个大字，称赞这是自然山水和现代科技的完美融合。奇山异水滋养了湘西人的性情。湘西大山的坚韧锻造了湘西的灵魂，湘西激流的灵动塑造了湘西的精神。湘西的山，铸就了湘西男人宽广的臂膀、厚实的胸膛。他们肩挑重担，步步踏实。湘西的水，汇成了湘西女子率真的性格、不屈的秉性。她们热情好客，勤劳勇敢。自然山水锻造了这方土地的人文精神。龙山县洛塔，在20世纪60年代是一个典型吃不饱穿不暖的穷山窝，一首"有女莫嫁洛塔坡，洛塔坡上苦难多"的山歌，是当年洛塔人生活场景的真实写照。但是，随着"农业学大寨，苦干加巧干"精神的鼓舞，洛塔人民在没有水的地方找到了天坑水，让旱土变水田，让水田变丰田，让瘦田变肥田的方法，环境、粮食等问题逐一得到了解决。湘西各族人民在与穷山恶水的斗争中，形成了"自力更生，艰苦奋斗""一不怕苦，二不怕死"的"洛塔精神"。吉首市社塘坡乡十八湾村因路得名。"大弯十八个，小弯九十九"道出了这里被山所挡的困局。22年前，十八湾村民连续奋战4年，硬是在悬崖峭壁上开凿出了一条5.3千米长的公路。他们被称为"当代愚公"，他们的精神被称之为"十八湾精神"。2013年11月3日，习近平总书记来湘西州花垣县十八洞村考察调研，首次提出"精准扶贫"

重要理念，同样被大山围困、贫穷落后的十八洞村，如今发生了翻天覆地的变化，成为新时代"山乡巨变"的生动典型。当下，湘西各族人民在摆脱了千年绝对贫困后，正大踏步迈向乡村振兴的康庄大道，成就了"矮寨不矮 时代标高"的精神标杆。可以说，湘西山水锻造了湘西人不屈的性格和昂扬向上的精神品质。湘西山水既是一种自然的形态，更是湘西人精神力量的源泉。

山水是湘西最亮丽的名片，绿色是湘西高质量发展的鲜明底色。多年来，湘西州坚持以习近平生态文明思想为指导，将"生态湘西"置于红色湘西、生态湘西、文化湘西、开放湘西、幸福湘西"五个湘西"突出位置，立足良好的生态资源优势，驰而不息推进美丽湘西建设。湘西州是国家森林城市，全州境内森林覆盖率 70.24%、通道绿化率 83%、水岸绿化率 86.11%。空气质量居全省第一，优良天数稳定在 325 天以上，全州森林生态效益、经济效益、社会效益日益提升。

绿水青山就是金山银山。当前，湘西州委、州政府提出全力打造国内外享有盛名的旅游目的地，率先实现旅游千亿产业的发展目标。"生态"是旅游发展的前提和底气，"文化"是旅游发展的灵魂。如何利用湘西州的生态优势、文化优势，推动生态文化旅游各领域、多方位、全链条深度融合，实现资源共享、优势互补、协同并进，实现全州旅游产业高质量发展，正成为造福湘西各族人民面临的时代课题。

历史上，湘西受山水所困，穷山恶水导致交通闭塞，经济发展滞后。当下的湘西，尊重山水自然，在"靠山吃山靠水吃水"的古老生存哲学的引导下实现人与自然的和谐统一。不仅如此，当下湘西，得山水所惠，借助生态优势，大开山门，融合文旅，推动旅游产业大发展。

展望未来，湘西各族儿女将不断发扬壮大生态湘西优势，厚植文化湘西底蕴，激发湘西发展活力，实现属于每一个湘西人的幸福湘西梦想！

奇 山 之 美

南华山

　　南华山位于凤凰古城南面南华山国家森林公园内,俯瞰整个凤凰古城。南华山树木参天,绿树成荫,是中国首个凤凰文化全体验景区。景区以中华7800年凤凰和美文化为主题,匠心独创亭、台、殿、阁、廊、柱、桥、楼等蕴含凤凰文化元素之古建筑及主题场景,精练凤凰神鸟的十八神性,形象生动地展现中华民族神凤文化。南华山也是中国历史文化名城与国家森林公园融为一体的慢生活体验区,是中国七十二福地之一,俗称"一座青山抱古城"。

南华山

天星山

  天星山位于凤凰县腊尔山禾库镇境内，是乾嘉苗民起义的根据地之一和苗族聚居区腹地。天星山孤峰挺立，海拔不高，仅 500 米左右，但是山路难行，唯山北凿有"之"字形山路通往山顶。天星山以其地僻山险，雄奇峻秀，在千里苗疆的苍茫大山中独树一帜，被称为"苗疆第一险峰"。山上林木繁茂，绿树成荫，保留有吴八月聚众起义的遗址。苗寨古树参天，民风淳朴。2021 年，天星山区域与湘西其他地质区域获批为世界地质公园。

羊峰山

羊峰山

　　羊峰山，位于永顺县东部，与张家界武陵奇峰同脉。山体呈东北—西南走向，东南峻峭，西北平缓，主峰为 1438 米。羊峰山因山形似羊，故得名。羊峰山风景优美，宛若一位老者，历经运动裂变，任凭雨淋日炙，岿然矗立了亿万年。亦像一尊仙人，俯瞰滚滚红尘，我自仙风道骨，其身旁悄然间闪过无数春秋岁月。

乌龙山

　　乌龙山位于龙山县桂塘镇，距龙山县城 34 千米。乌龙山大峡谷形成于 30 万～40 万年前，地势由东向南倾斜，以岩溶峡谷胜景和溶洞群规模巨大为主要特征，融山、水、洞、石于一体，山美、水秀、洞奇、石怪，地质风貌独特。峡谷两岸溶洞密布，构成一个个神秘的地下迷宫，蔚为天下奇观，现已探明的洞穴达 212 个。据国际洞穴专家考证，乌龙山大峡谷是我国最大的溶洞群，堪称"世界溶洞博物馆"。著名画家黄永玉赞曰："龙山二千二百洞，洞洞奇瑰不可知。"

乌龙山大峡谷

太平山

　　太平山位于龙山县兴隆街道办事处，距龙山县城 5 千米。太平山自然生态与人文景观相互融合，赤绿交错的丹霞地貌奇观举世罕见。太平山有秀美壮丽、多姿多彩的森林景观，有雄奇险秀、千奇百态的地貌景观，还有溯远悠久、灿烂夺目的人文景观，加上古朴的民俗民风映衬，构成一幅神奇美丽、如诗如画的山水画卷。太平山寺庙建筑群始建于东晋隆安二年（398），1894 年重建，是湘西乃至湘鄂渝川黔边区有名的佛教圣山。原全国政协副主席、中国佛教协会会长赵朴初题写山名"太平山"。

太平山

白云山

白云山

　　白云山国家级自然保护区位于保靖县境内，属中亚热山地季风湿润气候，具有四季分明、气候温和、雨量充沛、高湿多雾、垂直差异显著等特点，年均气温为 10.8 ～ 14.1℃。保护区有动植物 2855 种，其中，国家一级、二级重点保护动物 57 种，保护级植物 70 种，是极为丰富的中国动植物资源库。白云山大部分是石灰岩地区，有少部分砂岩和砂页岩，经过大自然亿万年的风化、侵蚀、水流冲刷，形成许多切割甚深的悬崖、奇峰、怪石、幽谷、溶洞。白云山国家级自然保护区的生态旅游资源非常丰富，且具有较高的生态价值、科研价值和美学价值。

八面山

　　八面山位于龙山县里耶镇，距里耶古城 20 千米。八面山，土家语叫"树木补"，意为祖先船，地形既像大海中的一艘船，又像一个睡美人。西面与重庆市酉阳县、秀山县接壤，为典型岩溶高山台地。平均海拔 1200 余米，最高峰 1414.5 米，有"湘西屋脊"之称。四周悬崖峭壁，危峰兀立，高耸入云，像一艘巨轮横亘在湘鄂渝边境的莽莽群山之中，神奇壮丽。山顶地势平坦，草原地貌，呈小丘陵状，绿草丰茂，牛羊成群，是我国南方独有的高山草场，亦被誉为"南方空中草原"，沈从文先生誉之为"别一个国度"。八面山年平均气温 10.4℃，是休闲避暑、露营滑翔的绝佳胜地。八面山也是土家族传说中人类起源的地方，土家族《梯玛神歌》中记录的开天辟地、人类起源的故事，兄妹成亲的传说等都与这座山息息相关。

八面山

八面山云海

高望界

　　高望界国家级自然保护区位于古丈县东北部，总面积 20 万亩，森林覆盖率 88.4%。高望界四季分明，气候温暖湿润，年平均气温 12.5℃，属中亚热带季风湿润气候。保护区内动植物资源特别丰富，植物类型与植物群落多样，有植物 221 科、976 属、2440 种，有国家一级、二级保护植物 9 种，有珍稀野生动物 35 种，是天然的"动植物基因库"。高望界主要景点有顶堂揽胜、金龙溪、大溪、黑洞溪、葛竹溪和麻溪等，是观光、避暑、寻幽、探奇之佳境。

高望界

高望界

天桥山

天桥山自然保护区位于泸溪县武溪镇，距县城 10 千米，距 319 国道 5 千米，距 G56 长渝高速 8 千米。沅江流经其山脚，天桥山自然保护区由天桥山、杜鹃溪、军亭界大峡谷三部分组成，天桥山是佛道合一的宗教名山。其中自然、人文景观和名胜古迹达 120 余处，国家级、省级保护的植物、野生动物数百种。天桥山主峰烛峰亭海拔 776.5 米，主峰上古寺和道观并存，有佛教殿堂华岩阁和道教殿堂武当不二。天桥山自唐以来就是周边地区礼佛朝拜圣地，现在亦是观光休闲、坐禅悟道、森林康养的绝佳之地。

天桥山

奇梁洞

　　奇梁洞位于凤凰古城北 4 千米的奇梁桥乡，为典型的碳酸岩天然溶洞，距今约 5 亿—6 亿年。洞中有山，山中有洞，洞洞相连。奇岩巧石，流泉飞瀑，千姿百态的石笋、石柱、石钟乳琳琅满目，它们共同构成了一幅无比瑰丽的画卷，故称之为奇梁洞。溶洞全长

奇梁洞

6200 余米，高 50 余米，宽 20 余米。共分三层：第一层阴阳河，第二层迷魂谷，第三层天堂和画廊。溶洞以"奇、秀、幽、峻、险"著称，气势磅礴，蔚为壮观，被誉为"大自然雕琢的人间仙境"，也有"奇梁归来不看洞"之说。

洞藏酒鬼酒

惹迷洞

　　惹迷洞发育于 4 亿多年前，全长约 10 千米。洞内迂回曲折，汇集了不同地质年代发育生长的钟乳石、石笋和石瀑等。惹迷洞的景观密集，奇特无比，被誉为"世界溶洞奇观"。其中有穹窿敞阔的前厅，亦有幽深多岔的后厅。位于前厅中部的镇洞之宝"九龙宝柱"，又称"天师柱"，高 31.5 米，柱径 0.8 米，是目前世界上已发现的最高单体钟乳石。

惹迷洞

惹迷洞——别有洞天

异 水 之 美

酉水

　　酉水是沅水最大支流，酉水河是湘西的母亲河，发源于湖北恩施州宣恩县椿木营乡杨柳坨村，流经宣恩（湖北）、龙山（湖南）、来凤（湖北）、酉阳（重庆）、秀山（重

庆）、至高桥入湖南保靖县境。再经永顺、古丈、沅陵等县。酉水全长477千米，流域面积18 530平方千米。里耶古城、边城茶峒、四方城、老司城、芙蓉镇、猛洞河、不二门、小溪、高望界、坐龙峡、红石林、栖凤湖等精品景区都是这条水系上耀眼的明珠。

酉水湿地公园

酉水画廊

沅水

　　沅水又称沅江，长江流域洞庭湖支流。其在湘西自治州流经泸溪县。沅水流经的泸溪白沙景区，地形独特、山奇水美、风光旖旎，集自然山水、历史文化和民俗等多种旅游资源于一体，是整个沅江流域风景最美丽、文化最丰富、传说最奇特的景区，也是中国盘瓠

文化的发源地，以及古代爱国诗人屈原的流放地和文学大师沈从文的笔耕地，还是"东方戏曲活化石"辰河高腔的保存地。主要景点有铁山古渡、屈望滩、辛女岩、悬棺葬、箱子岩、辛女祠、盘瓠洞、十里画壁和马嘴岩等。临江而建的涉江楼是为纪念春秋战国时期爱国诗人屈原打造的人文景观，为仿明清风格建筑。

沅水——泸溪白沙

白沙景区之十里画壁

猛洞河

　　猛洞河位于永顺县抚志乡。猛洞河因"山猛似虎，水急如龙，洞穴奇多"而得名，是当年土司王运送湘西木楠木至京城修建紫禁城的重要水上通道，被称为土司运河，为国家级风景名胜区。景区漂流水路共47千米，其中最精彩处位于哈妮宫至牛路河段，全程17千米。有急流险滩108处，大小瀑布20处。两岸峡谷幽深、古木参天、野猴成群、流泉飞瀑、水流湍急，有"十里绝壁、十里瀑泉、十里画廊、十里洞天"之美誉。漂流其间，穿急流，越险滩，闯狭谷，捕激浪，惊险刺激，回味无穷，被誉为"天下第一漂"。

猛洞河

小溪

　　小溪国家级自然保护区位于永顺县小溪镇，距县城47千米；是以原始次生林、峡谷、峰林地貌景观为特色的生态旅游区，属全球重点保护的200个生态圈之一；更是世界少有、中国独有、中南十三省唯一幸存的免遭第四纪冰川侵袭的低海拔常绿阔叶原始次生林。小

溪国家级自然保护区森林覆盖率达到 92.5%，是一座天然植物园、野生动植物基因库，有"植物的王国、绿色的宝库、大自然的迷宫"之称，也被誉为"天然氧吧、避暑天堂"。它集森林风光、原始河谷、珍稀动植物、民俗风情、科考探险于一体，是理想的休闲度假、森林康养、探险旅游、科考与生态文明教育的旅游胜地。

小溪

马拉河

马拉河

　　马拉河位于永顺县石堤镇，北倚老司城，南通猛洞河，东临芙蓉镇，西与灵溪镇相接。河道全长 20 千米 ~ 40 千米，被称为"土司王的御花园""湘西的小九寨"，是户外运动的理想场所。马拉河是石灰岩地区流水运动塑造成的河谷，属典型的喀斯特地貌。河道两岸绝壁陡峭，岩石嶙峋美丽，河流水质清澈，湛蓝的大小水潭无数。马拉河以河道落差大、两岸瀑布迭起、峡谷峻峭而称奇，如变幻莫测的人间瑶池。

坐龙峡

坐龙峡位于古丈县红石林镇，与千年古镇芙蓉镇隔河相望。因峡谷深邃莫测，蜿蜒似巨龙盘旋而得名。峡谷经由300万年地壳运动和大自然的风吹水蚀而成，隐逸于莽莽群山之中。全长6.5千米，游道长3.5千米，最大高差达340米。宽处不足丈余，窄处仅容一人通过。谷内绝壁纵叠，溪瀑横悬，崖树斜逸，异草遍地。坐龙峡集森林、峡谷、溪涧、瀑布、山寨和古树于一体，融自然山水和土家族风情于一园。这些景致共同构成了一幅神奇秀丽、古朴粗犷、特色鲜明的山水画卷。坐龙峡被誉为"中南第一大峡谷"。

坐龙峡

洗车河

　　洗车河位于龙山县境内。洗车河两岸青山绿水，有古商埠风光以及土家风情浓郁的人文景观，如精美的土家吊脚楼群、土家族民间艺术打镏子、独具魅力的土家族民俗活动舍巴日，以及闻名于世的土家织锦，非物质文化遗产丰富多彩。洗车河曾一度是湘鄂渝边区水陆交接、人货出入的重要通道，以及商贾云集的大商埠，被称为"小武汉"。坡子街"退后宽"老院子为土家期货发源地。洗车河素有"香溪"之称，水质极佳。因水质独特、富含多种矿物质，生产出来的豆腐神奇般地柔嫩和细腻，用其做霉豆腐色香味俱佳，风味独异，堪称"湖南一特、湘西一绝"。

洗车河

古苗河

古苗河

古苗河位于花垣县境内，古苗河背负崇山，在县城与花垣河交汇后注入沅江上游的酉水河。古苗河沿岸山高林密，夏无酷暑，冬无严寒，年平均气温 11.4℃。古苗河的旅游资源极为丰富，旅游景点数量众多、分布密集，有蚩尤大峡谷、崇山万亩生态林、大小龙洞瀑布群、老寨民俗村、排吾石栏杆、排吾水库和尖岩文笔峰等。特别是古苗河大峡谷具有山高、坡陡、谷深、林密的特点，其势雄壮瑰丽，神妙至极。

飞水谷

飞水谷位于凤凰县廖家桥镇，距凤凰古城 7 千米，离南方长城 4 千米，为古南长城最大的军粮加工基地及秘密仓库。由一条延绵数十里的山谷、悬崖、瀑布构成，以雄、奇、险、秀取胜，有美丽的大峡谷、空中悬崖栈道、高悬百米的大瀑布、历史遗迹、水碾、隔河相望的避祸洞与土匪洞等。峡谷宽处为两三百米，窄处仅十来米，危崖夹峙、树木繁茂、奇花异草，谷底溪流潺潺、洞瀑相间，雾气盈谷，自然景观精彩纷呈，有如人间仙境。飞水谷瀑布从 100 多米高的悬崖上飞流直下，似从天而降，如银河漫泻，巨雷般的轰鸣，浪花飞涌，气势恢宏，甚为壮观。

飞水谷

飞天瀑

栖凤湖

　　栖凤湖是酉水河上面积最大的人工湖泊，面积为 167 平方千米，平均水深约 30 米。湖内岛屿星罗棋布，岸线迂回曲折。万亩湖面碧波荡漾，烟波浩渺，鱼跃鸢飞。整个栖凤湖水平似镜，青山如屏，鱼翔湖底。两岸地质结构奇特，山、水、林、洞齐全，是典型的喀斯特地貌。人文景观也非常丰富，有下溪州古城原址等，国家重点文物保护单位溪州铜柱原来就矗立在这里。

栖凤湖

紫霞湖

紫霞湖

　　紫霞湖位于花垣县中部，地处武陵山脉的核心地带，水面面积近 10 000 亩，库容 10 000 多万立方米，是古苗河国家湿地公园的主体。紫霞湖为原兄弟河水库，是湘西州境内水域面积最宽的水库之一，位于洞庭湖流域四大河流之一的沅水上游。地处中亚热带和北亚热带季风湿润气候区的过渡地带，水量充沛。湖区风光秀美、原始自然，上下绵延近 20 千米，山水田园，如诗如画。

尖朵朵瀑布

尖朵朵瀑布位于凤凰县柳薄乡禾排村北部，瀑高 236 米，是中国落差最高的瀑布之一。这里群山环抱，峡谷深沟。一团白练从悬崖处下泻，随风漫卷轻荡，似烟如云，极为壮观。每到多水时节，这条从悬崖上凌空飞泻的瀑布则吞云吐雾、声若巨雷，像一条巨龙自半峰的洞心狂啸而下，十分美丽壮观。

尖朵朵瀑布

尖朵朵瀑布

流沙瀑布

  流沙瀑布位于吉首市德夯大峡谷，高 216.7 米，是全国最高的瀑布。瀑布水流从悬崖上飞泻落入深潭，犹如流纱卧挂，故此得名。丰水期时，滚滚流水从悬崖上飞落入深潭，就如九龙翻波，吞云吐雾，声若巨雷，震撼山谷，气势磅礴，甚为雄奇壮观。枯水季节时，流水飘下悬崖，时而如轻纱拂面，时而似珠帘悬挂，宛如白纱荡涤绿潭。涟漪层层，婀娜多姿，温柔秀雅。

流沙瀑布

流沙瀑布

大龙洞瀑布

　　大龙洞瀑布位于花垣县大龙洞乡大龙洞村，距吉首市41千米，是吉首市的母亲河——峒河的源头。水流从214米高的绝壁洞口中喷出，形成20米宽的瀑布飞流直下。其声如惊雷，飞浪纵横。水沫腾空，气势磅礴，整个山谷烟云弥漫，雾气朦胧。瀑布每年6月进入汛期，连续降雨，水量大增。汛期的大龙洞瀑布飞流直下三千尺，疑似银河落九天，此时为最佳观景期。大龙洞瀑布被誉为"天下第一洞瀑"，被评为"全国十大最美丽的瀑布"之一。

大龙洞瀑布

太龙洞瀑布

小龙洞瀑布

小龙洞瀑布

　　小龙洞瀑布位于花垣县双龙镇黄岩村附近,在一"U"型山岩上,悬崖高达300～500米。其中有小龙瀑、窟索瀑、护谭瀑、蟹将瀑等瀑布从百米以上的绝壁飞流直下,它们一齐泻入一处深潭,响声如雷,烟雾弥漫,各具特色。悬崖中有条湖南省唯一的挂壁公路奇观,瀑布时而落在悬崖,时而落于深潭,被称之为挂壁公路瀑布群。小龙洞瀑布最大落差147米,声势磅礴。悬崖顶上有岩板,游人可以在岩板上俯视,壮观景色尽收眼底。

矮寨奇观

　　矮寨奇观位于吉首市矮寨镇，距市区 20 千米，是一个集游览、观光、休闲、体验为一体的综合性景区。主要有六大奇景：奇路（矮寨公路奇观）、奇桥（矮寨大桥）、奇寨（吉斗苗寨、德夯苗寨）、奇谷（玉泉溪、九龙溪、夯峡溪峡谷等）、奇瀑（流纱瀑布、玉带瀑布、银链瀑布、夯峡溪瀑布群等）以及奇俗（苗族风情、天下鼓乡），充分展示了神秘湘西的奇绝山水、经典人文和现代科技融合之美。其中矮寨特大悬索桥，位于吉茶高速公路上，横跨德夯大峡谷，似一条横卧峡谷的飞龙，盘亘在群山之巅。矮寨大桥创"四个世界第一"，是湘西绝无仅有的标志性景点以及世界级的人类工程奇迹，被评为"世界十大非去不可新地标"之一。

矮寨盘山公路奇观

矮寨特大悬索桥

德夯苗寨

德夯

    "德夯",苗语的意思是美丽的峡谷。德夯大峡谷融自然峡谷、山水风光和苗族风情为一体,古苗寨、接龙桥、悬崖栈道、矮寨大桥、公路奇观交相辉映。这里峰峦叠嶂,峡谷深邃,飞瀑流泉,林深路幽,冬暖夏凉,是武陵山区风光最美的大峡谷。德夯苗寨建筑古色古香,保存有"五柱八挂"样式的传统木屋——黑青瓦、雕花窗、吊脚楼。苗鼓、苗歌、苗拳、苗狮、苗绣等传统习俗亦保留完好。苗寨经常举办"三月三""四月八""六月六"、苗年、斗牛节、姊妹节等苗家传统节庆活动。

德夯大峡谷

天问台

湘西民族文化园

　　湘西民族文化园位于湘西高新区，是展现湘西文化的重要窗口，是深度体验湘西民族风情的集中打卡点，也是湘西州乃至武陵山片区标志性的文化园区。其中湘西非物质文化遗产展览综合大楼（博物馆、非遗馆）是湖南省唯一的少数民族地区级综合类国家二级博物馆，集文物收藏、非遗传承、民族教育等功能于一体，共展出湘西州 10 多万件文物和300 多项非物质文化遗产，成为湘西州展示民族文化魅力的名片。湘西民族文化园全面展现了湘西悠久的历史、灿烂的文化和浓郁的民族风情，被誉为"浓缩的湘西"。

湘西州博物馆

湘西民族文化园

洛塔

　　洛塔世界地质公园位于龙山县洛塔乡，地质遗迹十分丰富，共有 8 类岩溶地貌类型，11 种岩溶形态特征，大小溶洞 340 个，石林面积 62 平方千米。洛塔地质公园是我国南方裸露型岩溶地质的典型代表，为亿万年地质运动遗留下来的地质遗迹，是我国罕见的岩溶地貌地质奇观。园区内石林丛生、溶洞密布、阴河交错、瀑泉飞泻、古生物孑遗，被誉为岩溶地质的"百科全书"。洛塔作为一个天然岩溶地质公园，极具观光、探险、休闲价值。20 世纪 60 年代，当地群众开创了一个引领历史的壮举，他们在"农业学大寨"运动中以自力更生、艰苦创业、一不怕苦、二不怕死的创业精神，下天坑、堵阴河、山为渠，引水造田，铸就了"洛塔精神"。现当地建有"洛塔精神"展览馆。

洛塔石林

洛塔石林

神 秘 湘 西

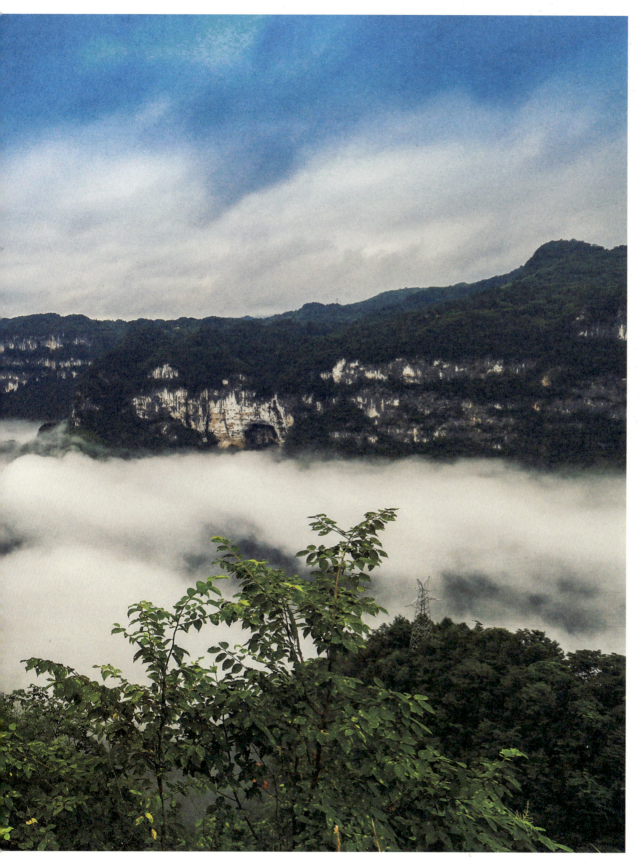

洛塔世界地质公园

红石林

　　红石林位于古丈县红石林镇的酉水河畔，是全球唯一在寒武纪形成的红色碳酸岩石林景区。约5亿年前的扬子古海海底，经地壳运动和侵蚀、溶蚀作用，沧海桑田，变为人间仙境。红石林集红、秀、峻、奇、绝、古于一体，石峰林立、奇石遍布、造型各异。石头颜色随天气、时间、季节而变化多端，晴红雨黑，阴转褐红，晨昏有别。红石林中还有地下溶洞、绝壁天坑、千年古木等，峡谷、瀑布、溪流、清泉、树木与红石林相得益彰，宛如一个天然的园林和一幅风光旖旎的山水画，被誉为"武陵第一奇观""中国最红的景区"。

红石林

吕洞山

　　吕洞山位于保靖县吕洞山镇，距州府吉首 21 千米。与矮寨奇观景区毗邻，是一个以自然风光和苗族原生态文化相融合的旅游区， 森林覆盖率达 80% 以上。这里群山连绵、奇峰挺秀，山顶巨岩壁立，突兀摩天，有双洞如"吕"字横贯山体，故名"吕洞山"，海拔 1227 米。当地苗民称吕洞山为"阿公阿婆山"，并敬奉为祖山。它是世界苗族人心中的圣山。吕洞山地区也是典型的苗族聚居区，156 个苗寨坐落在崇山峻岭中，奇峰异石、沟壑幽深、飞瀑流泉、古树参天、古茶飘香，一派旖旎的田园风光。其中吕洞、夯吉苗寨古朴原始，均有古树上千棵、400 多栋青瓦木房特色民居，无一栋现代建筑。当地特色民居几乎没有受到破坏，实为罕见。五行苗寨是湘西州目前保存最完好、最大的苗族村落群，被誉为"化石级"古苗寨、"湘西第一古苗寨"。

阿公阿婆山

融合之美

吕洞山

吕洞山雪景

金钉子

　　"金钉子"是一个地质名词，它意指国际地质权威机构确认某一个典型地层为国际标准，就像这个地层剖面楔下了一颗一锤定音的金钉子。截至目前，全球已经产生 67 颗金钉子，其中有 11 颗落户在我国境内，而湘西自治州就占据了 2 颗，即 2003 年 2 月确立的花垣排碧阶金钉子和 2010 年 10 月确立的古丈阶金钉子。国际地质权威机构以从花垣排碧阶金钉子地层剖面出现的三叶虫、鹦鹉螺等古老生物的化石，确定了湘西地区陆地的形成时期大约在寒武纪晚期。而在古丈阶金钉子剖面中发现的"光滑光尾球接子"化石，则将这一推定较为准确地定位到了距今 5.04 亿年前。

古丈阶金钉子

排碧阶金钉子

后 记

　　在湘西州朝着打造国内外享有盛名的旅游目的地坚定前行，进一步擦亮"神秘湘西"旅游品牌之际，《神秘湘西》出版了。这是贯彻落实州第十二次党代会和全州旅游发展大会精神的一个重大举措，是对外宣传的一张亮丽名片，是全面展示湘西历史文化、民族风情、自然山水的一个重大成果，是一件值得可喜可贺的事。

　　在这里，历史的足音不绝于耳，时代的雄音铿锵有力。湘西的历史文化厚重，民族风情浓郁，山水风光神奇。湘西州是精准扶贫首倡地，是国家森林城市，是湖南省同时拥有世界文化遗产、世界地质公园的唯一市州。湘西山势巍峨，云雾缭绕，奇峰妙壁，挺拔险峻。水异滩奇，碧绿清幽，朦胧飘逸，处处是画。初步发掘的花垣茶峒药王洞遗址，证明三万多年前就有人类在这里活动。秦设置迁陵县，先秦、两汉时期的灿烂文化在这里放射出光华。泸溪下湾遗存发现的遗存以新石器时代和商代为主，它们将人类在湘西这片神秘土地上的文明进程上溯到了7800年前。龙山里耶古城遗址、保靖四方城遗址、永顺老司城遗址和苗疆边墙等，无不揭示了这里文脉泱泱、令人追思遥远的过往。每年一度的土家族舍巴节、苗族赶秋节、"四月八""六月六"等传统节庆活动，更让人体验到土风苗韵的独特氛围。湘西不仅承载历史文化的血脉与基因，还绽放出时代的芳华。塔卧、茨岩塘叙述着气壮山河的革命故事，十八洞、菖蒲塘见证了精准扶贫的峥嵘岁月，镌刻着时代精神印记。

历史一次次眷顾湘西，湘西也一次次超越自己。旅游让湘西走向了世界，让世界认识了湘西。旅游对湘西的改变，生动展示了习近平总书记"绿水青山就是金山银山"理念的真理力量，雄辩印证了原总理朱镕基同志"旅游是湘西州发展的最大门路"这一精辟论断。今日的湘西，处处呈现出山乡巨变、山河锦绣的时代画卷。

这部由湘西州文化旅游广电局编印的《神秘湘西》旅游画册，以精美的图片和精练的文字展现介绍大美湘西，其目的是让广大游客爱上湘西，始于心，动于情，见于行。

为了做好画册的出版工作，湘西州文化旅游广电局组织开展了全州旅游景点摄影作品征集大赛，摄影工作者凭着对摄影艺术的执着追求和对湘西文化旅游的诚挚热爱，用艺术传递梦想，用影像凝聚精神，为我们提供了很多优秀摄影作品。组织专家对编撰大纲、图片及文字进行了认真的评审，期待《神秘湘西》旅游画册能较好地展示湘西厚重文化之美、民俗风情之美、奇山异山之美。

在此，特别感谢州委原副书记、州人大常委会原主任龙颂江对这部画册的编辑出版十分关心，不仅提出宝贵的修改意见，而且亲自外出采风，为画册提供精品力作。感谢湘西州艺术摄影学会和张谨视角提供了大量精美图片。

《神秘湘西》旅游画册的一幅幅作品，虽能给读者和游客提供初窥湘西的窗口，但要真正领略湘西的美，还需亲身感受。来吧，五湖四海的朋友们，风景如画的新湘西、热情好客的湘西人，热烈欢迎您的光临。

神秘湘西，一定等你!